初中地理
教育理论与教学实践研究

尹力群 著

中国海洋大学出版社
CHINA OCEAN UNIVERSITY PRESS
·青岛·

图书在版编目（CIP）数据

　　初中地理教育理论与教学实践研究／尹力群著 . -- 青岛：
中国海洋大学出版社，2023.5
　　ISBN 978-7-5670-3497-6

　　Ⅰ．①初… Ⅱ．①尹… Ⅲ．①中学地理课－教学研究
－初中 Ⅳ．① G633.552

　　中国国家版本馆 CIP 数据核字（2023）第 082178 号

CHUZHONG DILI JIAOYU LILUN YU JIAOXUE SHIJIAN YANJIU

出版发行	中国海洋大学出版社
社　　址	青岛市香港东路 23 号　　邮政编码　266071
网　　址	http://pub.ouc.edu.cn
出 版 人	刘文菁
责任编辑	矫恒鹏　　　　　　　电　　话　0532-85902349
电子信箱	2586345806@qq.com
印　　制	日照市精美印务有限公司
版　　次	2023 年 5 月第 1 版
印　　次	2023 年 5 月第 1 次印刷
成品尺寸	170 mm×240 mm
印　　张	14
字　　数	251 千
印　　数	1～1000
定　　价	65.00 元
订购电话	0532-82032573（传真）

发现印装质量问题，请致电 0633-8771976，由印刷厂负责调换。

—— 前　言 ——

　　在初中各学科教学体系中，地理学科是尤为重要的一门基础自然学科。如何有效地向学生传输地理学科知识，培养学生对地理的学习兴趣，提高学生的地理学科能力，是当下所有初中地理教师需要重点考虑的问题。

　　在地理教学过程中，教师应充分发挥自身的主导作用，不断提高个人学科素养和教学技能，由简入难地对学生进行启发诱导，调动学生头脑中一切可以利用的知识，步步深入，加深学生的学习印象；根据《义务教育地理课程标准（2022 年版）》（以下简称《课程标准》）要求，精心进行教学设计，科学、合理地规划教学思路；根据学情科学有效地分析和选择教学方法，并在教学过程中不断地调整优化；生活即地理，教师要注重挖掘地理学科知识与现实生活的联系，在实际应用过程中潜移默化地把地理知识教授给学生。教师还应该注重对学生实践探究能力的培养，引导学生在获取地理知识的过程中进行探究和实践。校内校外的实践过程能够让学生设身处地感受真实的世界，领悟地理的魅力，从而激发学生的学习热情与求知欲望。除此之外，建构在"教师信息技术应用能力提升工程 2.0"和教育评价改革框架下的地理课堂教学媒体选用和学业评价，也都是初中地理教学实践过程中应该重点思考和研究的内容。

　　总而言之，明确初中地理教育的基本理念，深入了解初中地理的教育理论和教育观点，提高初中地理学科的实践教育能力，才能有效地激发学生的学习兴趣，培养学生高效学习的能力，有利于促进学生全面发展。

　　本书主要内容：第一章是初中地理教育理论概述；第二章是初中地理教学

技能研究；第三章是初中地理教学设计研究；第四章是初中地理教学方法研究；第五章是初中地理教学实践研究；第六章是初中地理教学媒体研究；第七章是初中地理学业评价研究。

由于作者水平有限，书中难免有不足之处，恳请各位读者批评指正。

—— 目 录 ——

第一章
初中地理教育理论概述

第一节　初中地理教育的基本理念

一、初中地理课程理念

（一）课程的内容理念

1. 课程内容与社会需求联系密切

初中地理是一门基础学科。初中生通过学习地理，认识世界，了解世界，并为以后改造世界奠定基础。初中地理课程可以让学生掌握地理知识和技能，学会处理和地理相关的问题。例如，人教版《地理》八年级上册第一章第一节，让学生对我国疆域有基本的认知。

2. 课程内容与学生生活密切相关

常言道，学以致用。初中地理教育的内容应当紧密贴合学生的日常生活，让学生意识到地理知识在生活中的重要作用，从而激发学生的好奇心和学习主动性，引导学生发现生活中的地理问题，培养学生的地理思维。

3. 课程内容与学生认知规律相符

初中生年龄偏小，对世界的认知不足，而且认知往往是以感性认知为主，逻辑推理能力有限。因此，初中地理课程内容的设置应该考虑到初中生的逻辑思维特点，呈现层次性和发展性，让学生逐步巩固、加深对地理知识的理解。

（二）课程的学习理念

1. 激发学生的学习兴趣

当代的学习理念已经摒弃了以往的"填鸭式"教育，主张学生才是学习的主体。教师要学会引导学生主动汲取知识，而不是被动地接受知识。在进行地理教学时，教师不能一味地逼学生死记硬背，而是应当了解每一位学生，因材施教，提高学生的学习积极性，培养学生的读图能力和审美水平。教师可以在课堂上引入新颖有趣的教学方法和教学内容，激发学生对地理知识的学习兴趣和对地理问题的思考。

2. 提倡多样的地理教学方法

随着时代的发展和科技的进步，教育教学方法越来越多样化。多样化的教学方式不仅可以激发学生的学习兴趣和积极性，也可以帮助学生更好地理解地理知识。因此，初中地理教学也应秉承开放式的理念，采用多样化的表述形式，初中地理教材应包括文字系统、图像系统（地图、景观图、航片图、漫画、生活场景图）、表（调查表）、活动系统，等等。

（三）课程的建设理念

1. 强调构建开放地理课堂

地理学科兼具综合性和地域性的特点，同时还具备人文性和科学性的特点。它以地理环境为研究对象，而地理环境又是一个极其复杂的系统。因此，地理课程的建设必然包含文化地理、民俗地理、服饰地理以及旅游地理等方面的知识。

2. 体现可持续发展

地理教育的目的之一就是求得自然和经济的可持续发展。1992 年，根据联合国环境与发展会议精神，我国编制了《中国 21 世纪议程——中国 21 世纪人口、环境与发展白皮书》，其中，在议程的第 6 章明确提出，应在小学自然课程，中学地理等课程中纳入资源、生态、环境和可持续发展内容。通过地理教育，让学生从小就认识到人类对自然的依赖，培养学生爱护大自然的意识，进而形成人地协调与可持续发展的观念。

二、初中地理教学理念

（一）培养学生的抽象思维能力

如前文所述，初中生的认知以感性认知为主。感性认知是思维的出发点。思维就是对形象、直观的感性材料进行加工整理，进而以理性的目光去看待并且思考物质的内在性质和法则。初中生的时空抽象能力不足，因此教师必须从学生实际情况出发，了解学生时空抽象能力水平，再利用各种教学辅助材料，将课程中的一些地理事物或现象直观地展示出来，方便学生理解。对于一些能力较差的学生，教师应耐心地予以指导，以讲解、暗示的方式发挥学生积极思考和想象力，鼓励学生用自己的语言来阐释课堂上展示的地理事物和地理现象，从而强化学生的思维能力和表达能力。例如，学生在学习人教版《地理》八年级上册第二章第三节时，学生观察黄河流域图发现黄河下游的流域面积明显地比中上游要小，教师可以通过投影仪展示这一现象，然后鼓励学生进行思考讨论，再由教师点拨，告诉学生由于黄河中游经过黄土高原，水土流失严重，下游流经华北平原地形平坦，流速减慢，泥沙淤积，使得河床抬升，形成了"地上河"。当学生们了解"地上河"的概念后，就可以得出其他河流无法汇入地势较高的河床，因此黄河下游支流少，流域面积小。对于初中生来说，这种基础的抽象思维和逻辑推理是不难的。

（二）培养学生的逻辑思维能力

初中地理课程具有多样化的特点，因此，教师可以通过多种教学方式来激发学生的学习热情。但一切的教学形式归根结底都要为课程内容服务，这就要求学生必须拥有一定的逻辑思维能力。只有拥有一定的逻辑思维能力，学生才能通过教师的教学方式看到其背后隐藏的地理问题，然后才能灵活地运用地理学知识进行思考，找出地理事物与现象之间的内在逻辑关系。

（三）培养学生的地理综合能力

当代教学理念一直在强调：考试不是让学生"死读书，读死书"，而是要考验学生对所学知识的理解程度和运用能力。由此可以看出，知识是基础。没有积累足够的基础知识，就谈不上理解和运用。教材是知识的载体之一。因此，在地理教育过程中，教师要帮助学生深化对知识的理解，构建以教材内容为基础的清晰、条理的知识体系，使学生逐步形成自己的知识结构体系，即大脑中形成一个条理化、有序化、网络化的知识结构体系，使学生扎实掌握基础知识，并能融会贯通、灵活运用。在帮助学生建构知识体系的同时，教师也要培养学生对知识的运用能力。教师应和学生共同加工教材中的陈述性知识，而不是直接把知识呈现给学生。教师应和学生一起厘清知识的层次脉络，使之系统化；分析知识点之间的内在联系，使之结构化；总结地理事物的分布、运动和变化规律，使之规律化；运用各种图像、图表，做到图文结合，使之形象化；联系有框图、比较有表格，使之技能化。通过这"五化"，培养学生的综合分析、比较分类、归纳演绎、概括推理等多种能力。

第二节　初中地理教学的观点阐释

一、人地关系

说到地理学研究，就必定逃不开"人地关系"这个课题。作为我国杰出的地理学家和人文地理事业的开拓者，吴传钧院士是把人与地的联系理论引进地理学中的先驱，并提出了"人地关系地域系统"。吴院士认为，人地关系是在初中地理教育中最应当强调并讲清楚的核心内容。

（一）人地关系的概念解析

如何培养初中学生人地关系协调发展的观念？笔者认为，首先需要让学生全面认识人地关系。

1. 人地之间的客观关系

第一，人对地有依赖性。土地是人类赖以生存的物质基础，民以食为天，而食物必须依靠土壤才能种植和成熟，然后被人类食用。由此可见，人类的一切活动都会受到土地的影响和制约。第二，在人地关系中，人是占据主动权的一方。人地关系究竟是走向和谐还是矛盾，关键还是在于人的选择。人地关系是在一定的社会关系下建立的关系，人与地的关系是人类活动同自然和人文要素组成的地理环境整体的关系。

2. 人地关系和谐的意义

人的发展和延续需要消耗地球的资源，而地球的资源并不是无限的。如何正确地处理人和地的关系，使两者关系和谐，是地理学需要解决的现实问题。

如何解决全球环境持续恶化问题，实现可持续发展，是科学界一直关注和讨论的热点，离不开对人地关系的解读和研究。从地理学的视角出发，人地关系地域系统的平衡发展是构建和谐社会的基础，其关键就在于把握人地关系地域系统的开放性、开发性和协调性。

3. 人地关系的未来之路

人地关系是从古代的"天人合一"思想演变为近代的人地关系协调思想，再发展为现代的"可持续发展"理论的。从长远角度看，未来的人地关系需要在广泛普及生态伦理意识的基础上，不断提升道德文明力量。

（二）人地关系的教学策略

初中地理教师在授课的过程中，可选择一些学生日常所见所闻的案例来辅助教学，这样有利于让学生正确地认识人地关系，形成全面的、科学的、多元化的人地关系认知，树立起真正符合时代要求的可持续发展意识和能推动人地关系进一步发展的人地观念。

1. 在地理知识学习中渗透人地观念

初中涉及的区域地理知识主要有地球与地图、世界地理、中国地理、乡土地理等内容。这些地理知识的学习是培养学生地理学科素养必须具备的，也是学生地理能力培养的基础，不仅可以让学生了解关于自然现象的知识以及环境与发展的问题，也有利于学生形成初步的地理科学素养和人文素养，培养学生正确的人地观念。

2. 在地理能力培养中渗透人地观念

地理能力即应用地理知识、地理技能分析解决各种地理问题的本领，也称正确处理人地关系的能力，是地理知识和地理技能的综合体现。一般包括地理逻辑思维能力、地理图像运用能力、地理实践能力、地理信息收集能力、地理文字表述能力等。地理能力的培养对学生地理知识的掌握以及地理技能的应用与提升都有促进作用。地理技能即人们在进行地理实践时采用的使活动程序和方法符合客观规律的活动方式，即地理实践操作能力。一般包括阅读和使用地图的技能、分析和应用地理图表的技能、地理图文转换的技能等。其训练不仅可强化学生地理基础知识，也对学生人地观念的树立起着积极作用。

此外，人地观念的渗透还可以通过教学环节实施、教学方法选择以及学生活动等加以实现。

二、可持续发展观

在实施可持续发展理念的过程中，地理课程发挥着极为重要的作用。地理学是一种用来说明地球上的区域特性及人和物的出现、发展和分布状况的学科，具有可持续发展观念的教育性成分，是开展可持续发展教育的重要基地。可持续发展理念作为一个国民的基本素质构成要素，在教学中必须予以足够的关注，然而由于教学观念和方法等因素的限制，其在实施中不能很好地实现。那么，教师该如何在课堂上进行可持续发展的教育呢？

（一）可持续发展观的概念解析

1987 年，世界环境与发展委员会（WECD）受联合国委托，把《我们共同的未来》报告提交给联合国大会，"可持续发展"的概念和模式被正式搬上了世界舞台。

在当前的大环境背景下，对于"可持续发展"一词，最能被全世界普遍接受的定义是：可持续发展就是既能满足当代人的要求，又不对后代人满足其需求的能力构成危害的发展方式。可持续发展包含了三个基本点：一是需要，即满足当前人类的基本需要是发展的根本目标；二是限制，要正确地认识人地关系，要强调人的发展势必受到外部环境的限制；三是公平，强调代与代之间、当代人之间、人类与其他生物种群之间、不同国家和不同地区之间的公平。

可持续发展观在初中地理教育中的教学重点应该体现在教育引导学生对人口、资源以及环境形成正确理解。随着人口的不断增长，人类对资源的开发程度越来越高，相应地，对生存环境的破坏就会变得越来越严重，随之而来的，就是人口压力和环境承载力的矛盾。在可持续发展观的影响下，人类开始逐渐意识到提高教育水平、实现人地关系协调发展的重要性。

环境问题一般指由于自然界或人类活动作用于人们周围的环境引起环境质量下降或生态失调，以及这种变化反过来对人类的生产和生活产生不利影响的现象。人类为了自身更好地发展，进行了各种各样改造环境的活动，这些活动在为人类创造了优越的生活条件的同时，给自然界造成了十分严重乃至无法挽回的破坏。初中地理教材中，在介绍自然环境、资源、工业、农业等内容时都涉及环境问题。学生在学习地理课程时，通过了解人类面临的环境问题，理解环境与人口、资源发展的相互关系，提高对环境保护的危机感、紧迫感和责任感。

在资源问题上，可持续发展观强调的是合理利用资源。对资源进行不合理的开发势必造成资源的浪费，导致资源提前枯竭，引发环境污染等一系列问题。无节制地开发方式或许会带来短期的效益，但同时也会对人类生存和发展造成极大的威胁。人类必须思考如何实现共同利益最大化，必须合理地利用资源、适度开发，不能只顾眼前利益，要用长远的眼光看待资源问题。

（二）可持续发展观的教学策略

1. 教学方法的更新

仅靠常规的教学手段将可持续发展理念渗透到地理教学中是远远不够的。教师要采取新的教学方式，改变教育观念，从过去只注重专业知识、专业技能向注重学生的全面发展转变。在教学过程中，应采用新的教学手段，如地理测验法、地理案例法、地理观测法等。地理测验法是在教师的指导下，学生通过实验得出结果，从而掌握相关地理知识的一种教学方式。地理案例法是指教师依据特定的地理事例，引导学生进行探讨分析，理解个案中普遍的地域规律。地理观测法是指在教师的指导下，学生通过实地考察，获取相关的客观情况。这些教学手段都可以应用到可持续发展的地理教学中。与实际地理专业知识和技能的培养不同的是，可持续发展理念的教育要求学生有理想、情感的融合，从而能够自觉地转变。

2. 课外活动的开展

教师可以根据教学需要，为学生制定一些与可持续发展理念有关的课余实践活动。课余实践活动的策划应注重趣味性，让可持续发展的理念逐渐渗透到他们的心中。例如，开展环保宣传活动、社区实践活动、环保日活动等。再如，教师可以鼓励高年级学生将各自学段的教材赠送给低年级的同学，这样既节约了大量的资源，又加深了同学之间的感情。通过这种方法，可以让学生真正感受到他们为可持续发展所做的贡献。

3. 学生自主探究的进行

可持续发展观的教育目的在于使学习者掌握促进可持续发展的知识、技能、价值观和态度，从而实现人的可持续发展，是贯穿人一生的终身教育。因此，要鼓励他们在自身的学习和生活中寻找相关的问题，以使他们能够更好地分析问题、解决问题。例如，某位学生对自己的垃圾处理流程进行了独立的思考，对垃圾种类、垃圾站的位置、垃圾处理方式等进行了深入的调研和分析，从而对垃圾的数量和处理方式有了更深的了解，养成了不乱扔垃圾和垃圾分类的好习惯。通过对可持续发展问题进行探讨，或者组织相关的宣传和教育活动，可以锻炼学生的思维和技能，从而实现可持续发展观的教育目的。

三、空间观点

地理学永远都不可能脱离"空间"这一核心概念。美国地理学家哈特向曾提出："地理学家的任务就是用空间来描述和分析现象的相互作用，并加以综合。"在地理课程教育中，教师也必须时刻谨记并强调空间观点的概念和内涵，培养学生形成正确的空间观点，促进学生全面发展。

（一）空间观点的概念解析

地理学研究的重点领域、热点问题，都跳不出"空间"这个载体。在研究地理问题的时候，首先要研究空间问题。由于这样的基础性地位，空间观点成为地理学的核心观点之一。

空间观点所包括的内容繁多，在地理学研究领域并未形成统一的认识，不同的地理学分支学科所赋予的空间观点也随着时代的变化体现出不同的内涵。东北师范大学的袁孝亭、王向东认为，空间观点主要是对地理现象的分布格局和空间关系的基本认识，涉及"它在哪里""它是什么样子的""它是什么时候发生的""它为什么在那里"等问题。

笔者基于初中地理教学的现状，在初中生应掌握的地理观点的基础上，将空间观点分为空间分布、空间联系、空间变化三个部分。

1. 空间分布

人们所认知的地理事物，其存在都是以一定的地域为基础的。一个地域总有其自然、经济、文化等方面的特征。因此，分布于一定地域的地理事物总有这一地域的显著烙印，一旦离开一定的地域条件，就不会形成对某一地理事物的正确认识。因此，只有正确认识某一地理事物的分布，才能认识到地理事物

'特殊性'，才能正确理解"因地制宜"的观念。所以说，正确认识一个地理事物的空间分布是地理学研究的基础，也是这一地区可持续发展的前提。

2. 空间联系

如果说地理环境的'特殊性'决定了地理事物的不同空间分布状态，那么地理环境的整体性则决定了地理事物的空间联系。空间联系不仅表现在不同地理事物之间，还表现在不同类地理事物之间；不仅表现在同一时间的不同空间，还表现在不同时间的同一空间。地理事物的空间联系主要可以从方式、过程、程度和影响等方面认识。这些认识构成了人们对地理环境的整体认识，对于人们认识现在常见的世界性问题，例如生态环境破坏、人口问题等，有巨大帮助。

3. 空间变化

地理学由对静态的描述转向研究动态的过程，是一次拯救性的研究转向，是地理学史上的一次重大飞跃。空间变化的观点直接阐释出地理学动态性的特点。无论是自然地理要素还是人文地理要素，都处于不断地变化之中，正是这种变化才使得地理学的研究更加深入、更有意义。这种变化不只是地理学进一步研究的基础，也是人们更加全面认识世界的出发点。空间变化的观点可以让人们拥有发展的眼光，认识发展的社会和变化中的世界。

（二）空间观点的教学策略

空间观点的培养是长期的，不可能一蹴而就，在初中地理课堂中，教师要让学生意识到空间观点的重要性：它并不是死板的理论，而是可以为人服务的工具。

1. 重视对地图的运用

地图可以简单理解为微缩型的地理空间。用科学的方法把地理空间绘制出来，就是地图。地理空间中的各个要素则在地图中用比例尺、方向、图例、颜色等要素表示出来。

运用地图教学，最直观的一点是可以呈现地理事物的空间位置，尤其是绝对位置，例如纬度、经度等；此外，还可以从地图中看出其相对位置，例如海陆位置。利用地图明确一个地方的海陆位置是让学生学会认识空间位置重要性的前提。学生在观察相对位置的空间关系时，将已知地理事物与其他地理事物进行比较，而这种比较也是形成空间联系观点的基础。加强学生对地图的空间感知，锻炼学生的用图技能，让学生养成读图用图的意识，是培养学生形成空间观点的重要策略。

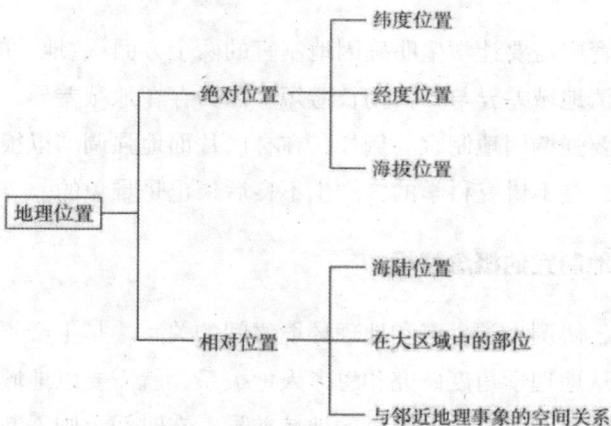

图 1-1　地理位置知识结构

2. 创设情境，使学生树立空间意识

教师在课堂教学中要注意创设不同的教学情境，让学生在情境中感知地理空间，形成空间观念。教师可以联系实际，从学生身边的地理环境、地理事物、地理现象入手，利用多媒体等技术进行直观的演示，把学生的思维迅速带到具体的场景中。这种情形下学生容易形成比较感性的认识。教学中可以充分利用学生的生活经验，培养学生的空间观念。例如，有的学生来自农村，他们对农业上"因地制宜"观点的理解比较深入，可能和城市里的学生有不同的看法。

3. 重视多媒体辅助教学，强化空间观念

运用多媒体辅助地理教学能使地理课堂教学形象化、直观化、过程化，能够为学生提供丰富、形象的直观材料，激发学习兴趣。例如，将著名的 Google 地球、Stellarium 等软件应用于地理教学中，可以使学生形象直观地感受到地理空间、空间结构、空间联系、空间变化，能够启发、引导学生的空间观念由平面转向立体面，引导学生对地理事物和现象的特征做动态的观察。

四、因地制宜

在基础教育中需要让学生明确因地制宜的两个方面:"地"的比较与"地"的生产,即弄清地域差异与如何扬长避短。因为存在地域差异,所以生产建设中各个方面都要强调因地制宜。例如,在林区片面地强调"以粮为纲"就没有考虑地域差异,是不讲究科学的,产生不良后果也是难免的。

(一)因地制宜的概念解析

因地制宜,协调人类生产和地理环境之间的关系,是生产领域中人地关系的核心所在。从地理学角度研究和思考人地关系,就需要以地域为基础。

地理环境在空间上存在着明显的地域差异,在时间上则不断发展变化。正是因为在不同类型的地域上表现出来的土地利用结构和人地矛盾不尽相同,才必须按照地域类型来协调人地关系,开展适宜当地环境的生产活动。

(二)因地制宜的教学策略

因地制宜之所以有必要性是因为地域差异的存在。在教学中,教师首先要让学生认识到千姿百态的地貌形态和地理景观,学会根据具体情况具体分析。

在使学生认识地域差异,进行不同地域之间的比较的教学过程中,教师应当注意:①向学生展示不同的地理环境案例,让学生进行"求同存异"分析,掌握分析地域差异的能力;②鼓励学生主动寻找不同地理环境案例,提高归纳整合地域特征的能力。

在根据地域差异,发展适宜当地地理环境特色的生产活动的教学过程中,教师应当注意:

(1)培养学生逐步形成正确的人地观,即注重人地关系的和谐发展;

(2)要让学生在生活中学会运用因地制宜的观点,可以将此观点延伸为因人而异、因势利导等。

在培养学生形成因地制宜的地理观点的教学中,要遵循这样一条基本线索选择和组织教学素材,合理安排教学进程:不同地域——资源(类型、组合、质量、数量等)和条件(自然条件如气候、地形、地貌等,社会经济条件如文化习俗、人口素质等）存在差异——发展的可能性和可行性各有不同，现存的问题也有差异，适度开展与地理环境相适应的活动，使学生认识到因地制宜的必要性。

第三节 初中地理课堂教学的特点

一、初中地理课堂教学的优势

人们在地理教学的长期实践中，发现地理课堂教学具有许多优势。例如，地理教学按照规定的《课程标准》、教材等进行，教学要求相对统一；课堂教学容量大，便于普及教育；易于贯彻教师发挥主导作用的原则；易于培养学生的组织性、纪律性和互帮互学的精神。地理课堂是目前最基本的教学形式，它对教学过程的优化有很大的促进作用。

二、初中地理课堂教学的不足

地理教学课堂存在一些不足。首先，地理课堂教学不利于发展学生的个性和独创精神。课堂教学采用统一的教材、同等的进度和相同的教学方法，不利于学生的个性化发展。其次，地理课堂教学不利于发展学生的实践能力。课堂教学在教室内进行，对学生接受系统的科学知识有利，但因其较封闭，不利于将理论与实际相联系及操作技能的培养。教师应注意地理课程教学的不足，并根据学生的反馈，及时调整教学进程，积极变换教学方法，重视对学生实践能力的培养。同时，教师要改革课堂教学结构，加强课内外教学活动的结合，促进理论与实践的结合。

第四节　初中地理课堂教学的作用

地理课堂作为一种最基本、最主要的教学形式，要承担完成地理教学主要任务的重任，它的作用表现在以下几个方面。

一、有利于实现地理教学目标

在地理课堂教学形式下，教师可以有效地组织教学与传授知识，教学效率较高，教学过程系统、完整，有利于实现地理教学目标，完成地理教学任务。

二、有利于教师主导作用的发挥

地理课堂教学的教师教、学生学，主要发生在地理课堂内。课堂教学的正常进行有赖于教师对整个教学过程的设计和对具体教学活动的组织。这样教师就履行了自己的职能，发挥了应有的主导作用。

三、有利于教学计划的实施

地理课堂教学是按规定的时间，在有一定设备的教室中进行的教学活动，教师可以事先按时间多少和环境条件来安排教学活动，而学生可以在特定的环境中获取知识，这样有利于教学计划的实施。

四、便于进行地理教学质量评价

地理课堂教学是按统一的《课程标准》、教材、进度和要求进行的，因此可以通过有效的方法进行教学质量的测定、检查，便于对各地区、各学校的教学质量进行比较、评价，促进教学水平的不断提高，也便于对同校、同年级、不同班级或同班、不同学生的学习质量进行比较和评估。

第五节　地理课堂教学的主要环节

一、组织教学

组织教学是保证地理课堂教学能够正常有序进行的基本教学环节。它的目的是稳定课堂秩序，使学生集中注意力，确保教学工作正常有序地进行。它是任何类型的教学形式特别是课堂教学必不可少的环节，是地理教师控制教学过程的必要手段。组织教学贯彻于整个教学过程中，所以常常与其他教学环节同时进行。

二、检查和复习

检查和复习是教师在讲授新课之前，检查、复习、巩固学生已学地理知识的教学环节。这一环节的目的主要是了解学生对已学地理知识的掌握情况，为讲授新内容做准备。通过检查学生的作业完成情况和知识掌握程度，一方面，教师可督促学生按时完成作业，养成及时复习的良好学习习惯；另一方面，教师可以了解自己教学中存在的问题，及时纠正错误、弥补不足。检查和复习一般在课堂教学的开始阶段进行，时间不宜过长，以免影响新课教学。检查和复习采用的方法要灵活多样。

三、导入新课

导入新课主要起过渡作用。它主要有两个目的：一是引导学生从旧知识过渡到新知识，即使学生在复习旧知识的基础上，自然而然地过渡到新课内容的学习上来，起到承上启下的作用；二是激发学生的学习兴趣，唤起学生学习新知识的欲望，从而顺利进行新课的教学。导入新课的方法有很多，因教师、学生、学习内容的不同而不同，应用也较灵活。

四、讲授新知识

讲授新知识是教师指导学生学习、掌握新的地理知识技能与发展智力的教学环节，是教学过程的重要组成部分，是课堂教学的核心。从整个教学过程的时间分配来看，它占用的时间最多。从各个教学环节的地位来看，其他教学环节要么以讲授新知识这一环节为基础，要么是为它服务的，因而它的地位最为重要。在这个过程中，教师应按照知识的内在联系，贯彻相关的教学原则；利用恰当的教学方法把地理知识传授给学生，发展其智力，同时进行思想品德教育。本环节集中了地理教学中学生学习和发展最重要的过程。

五、巩固新知识

巩固新知识是对当堂所学内容进行复习、进一步巩固的教学环节。它的目的是使学生通过加强记忆和整理思路对新学的知识加深理解，最终能够掌握并应用。同时，教师可以通过了解学生掌握知识的情况，检查教学效果，发现问题，及时补救，并反思自己的教学，进一步调整和提高。所以，本环节的实施非常必要。

巩固新知识可采用复述要点、提问、当堂作业练习等方法。各种方法都要注意重点突出、纲目分明，切忌简单重复。

六、布置作业

布置作业是教师向学生宣布或说明当堂或课后应完成的学习任务的教学环节。通过这一环节，学生要运用所学的知识独立完成练习题，以便加深理解、加强记忆，进一步巩固和掌握所学知识。作业要具体、明确，要有代表性，对于难度较大的作业，教师应适当给予提示。

第六节 初中地理课堂教学的类型

地理课堂教学的类型是根据地理教学的目的、任务和内容的不同而划分的地理课的种类，简称地理课型。正确划分地理课型，可以使教师对每节课在整个地理教学体系中的地位和作用有明确的认识，便于设计和实施有效的地理教学方法。地理课堂教学中的基本课型主要有以下几种。

一、新授课

新授课是地理课堂教学中最常见的课型。它是以学习新地理知识为主要任务的课型，需要运用几乎整堂课的时间进行新内容教学。这类课的教学内容新、教学任务重、教学系统性强、教学难度也大。因此，教师在进行这类课型的教学时，要做到课前认真备课，课中积极贯彻启发式教学原则，运用多种教法，剖析重点，分解难点，抓住关键，以顺利完成教学任务。

二、绪论课

绪论课是指专门向学生介绍地理课的体系、内容和学习方法的课型，一般放在每学期或每学年的第一堂地理课上进行。绪论课的目的是让学生在正式学习前，对地理课有基本的了解，对地理知识在学习、生活中的意义和作用有初步的认识，使他们对地理课产生兴趣和学习欲望。

三、综合课

综合课是指在一堂课上，教师既有讲授新知识的任务，又有引导学生复习旧知识和进行练习的任务。地理课以综合课为主，而综合课的任务又以讲授新知识为主。在综合课上，一节课内要完成两项或几项教学任务，一般有复习、讲授新课、当堂复习巩固等环节。教师在实际教学中，注意不要把教学环节机械化。

第七节 地理学科的一般能力探究

一、提出地理问题的能力

在知识经济时代，创造性人才的培养俨然成为教育的重任。而培养人的创造力首先要培养的是人提出问题的能力。我国著名教育家陶行知先生写过一首《每事问》："发明千千万，起点是一问。禽兽不如人，过在不会问。智者问得巧，愚者问得笨。人力胜天工，只在每事问。"爱因斯坦也曾说："提出一个问题往往比解决一个问题更重要，因为解决问题也许仅仅是一个教学上或实验上的技能而已。而提出新的问题、新的可能性以及从新的角度去看旧的问题，都需要有创造性的想象力，而且标志着科学的真正进步。"可见，对学生提出问题能力的培养关系着科学的进步，对人类的可持续发展具有重要意义。

现代社会，学校教育是培养人才的主力军。学校教育中的每个学科都承载着培养学生提出问题的能力的任务，而不同的科目又有着其独特的学科性。因此，地理学科既承担着培养一般性的提出问题的能力的任务，也具有其特殊的地理性。

（一）提出地理问题能力的构成要素

培养学生提出问题能力的前提是让学生具有问题意识。问题意识至少包括三层含义：①这是一种问题性的思维品质，体现了思维的批判性、深刻性，也反映了个体思维的独立性和创造性；②这是一种意识到的认知不平衡状态，即个体在认知活动中意识到难以用已有的认知结构解决问题时，由此所产生的一种困惑、探索的状态；③这是元认知对认知活动的监控、调整、评估能力，表现出个体的反思能力和提出问题的能力。换句话来说，问题意识即人们在新的认知活动中与自我认知产生矛盾时进行的有意识地对认知不平衡的协调，也就是产生疑问。在这个过程中，人们不仅需要一定的认知，还需要对认知矛盾的思考。而这两者正是提出问题能力的两大要素：知识因素和思维因素。然而，这两者仅仅是人们能够提出问题的必要条件，并非充要条件。而想要提出问题，除了对认知矛盾产生疑问外，还必须对产生的疑问予以清晰地表述。只有予以清晰地表述，才能完善提出问题的能力。从人的发展角度看，每个人都有问题意识，每个人都能提出问题，但是提出问题的意义大小不尽相同。不同学科培养学生提出问题能力的角度也有所不同。对地理学科来说，提出问题的能力主要由以下三个要素构成。

1. 地理知识

知识是个人已有认知的一种体现，而提出问题是一种能力，要使得这种能力发挥出来，需要一定的知识作为提出问题思维的加工材料。维果茨基将"最近发展区"定义为"儿童独立解决问题的实际发展水平与在成人指导下或在有能力的同伴合作中解决问题的潜在发展水平之间的差距"。只有当个体的原有认知与新的认知产生矛盾，并且个体相信通过自己的努力可以解决矛盾时，个体才会提出问题。而这个疑问一般就是在学生的"最近发展区"内。这样看来，学生的原有认知对问题的提出具有重要意义：一方面来说，知识积累越丰富，提出问题的可能性越大；另一方面，知识水平的提高扩大了学生的认知面和认知高度，具有一定的知识高度后会提出具有深度的问题，否则，只能重复提出简单问题。

2. 地理思维

地理知识为提出高质量的地理问题提供了可能性，而地理思维则使得这种可能性变成必然性。对于初中地理教学来说，对学生地理思维的培养主要包括地理视角和地理逻辑思维以及其他如比较、推理、想象等思维。

地理视角是指学习地理的人或地理学家在看待周围世界时的一种有地理学科特色的思维方式。《重新发现地理学》将其表述为：一是通过地方、空间和尺度的透镜观察世界的地理学方法；二是地理学的综合领域——环境 – 社会动态把人类活动与自然环境、环境动态与自然系统、人类社会动态与经济、社会和政治系统联系起来；三是应用图像的、语言的、数学的和认知的方法的空间表述。在课堂中，引导学生从地理学的角度对未知的事物进行思考，并从思考中发现问题、提出问题。

《地理教育国际宪章》指出，地理学家研究地球表面事物的六个方面：它在哪里？它是什么样子？它为什么在那里？它是什么时候发生的？它产生了什么作用？怎么样使它有利于自然环境和人类？对于学生地理逻辑思维的培养，也应当从这几个方面入手，让学生在对地理事物思考的过程中产生疑问，提出问题。

比较、推理、想象等思维是每个人终身都在不断发展的思维。对于地理学科来说，常规思维是地理视角和地理逻辑思维形成的基石，而地理视角和地理逻辑思维是对这些常规思维的进一步发展，二者相辅相成。

3. 地理问题的表述

具备丰厚的地理知识，并用地理学的视角看待新的认知，用地理逻辑方式思考问题，产生疑问后，要想提出问题，就需要对问题进行表述。

要想表述地理问题，需要的不仅仅是清晰的语言，还有清晰的逻辑思维。地理问题除了用语言描述之外，还可用图表等形式表述。

（二）培养提出地理问题能力的教学策略

1. 尊重学生的疑问，保护学生的提问欲望

教师要创设一种平等的师生关系和民主的课堂气氛，在课堂中突出学生的主体地位，激发学生的主体意识。

首先，教师要改变"教师教、学生学"的旧的教学模式，将课堂交给学生，让学生自主学习。在学习中教师予以一定的指导，引导学生在其最近发展区思考问题，提出问题。

其次，也是最重要的，即对于学生提出的问题予以正确对待：对难度适中的问题予以指导，让学生自己思考解决；对过难的问题则提供资料，提供解决思路，保护学生的求知欲；对简单的问题帮助学生发掘已有认知，自行解决。切记不可不耐烦或冷言以待，打击学生的积极性。

2. 创设情境，帮助学生树立问题意识

学生产生问题主要来自三个方面：学生已有的认知不足以解决新的问题；学生用已有的认知发现了现实世界中存在的矛盾，并提出疑问；学生对已经存在的问题进行思考转化为新的问题。对于教师来说，首先要对学生进行调查研究，找出学生的"最近发展区；"然后要创设贴近学生认知的情境，让学生在自己熟悉的情境中发现认知冲突，产生疑惑，提出问题。

3. 进行语言思维训练，提高表述地理问题的能力

地理问题的表述，不仅需要清晰的语言，还需要严密的逻辑思维。因此，地理比较、地理推理、地理想象的训练，不仅是对学生常规思维模式的训练，还能使学生形成地理学科逻辑思维。这需要教师将相近的地理事物呈现给学生，引导学生进行比较。对逻辑性较强的知识，教师可进行逻辑性简介，让学生用具体的地理现象进行逻辑推理，得出结论。可结合情境创设，提出假设性前提，让学生根据已有认知进行推理想象。

二、地理信息加工能力

在知识爆炸的现代社会，从纷杂多样的信息中准确提取出自己所需要的信息，已经成为当今社会人们不可缺少的技能。因此，学校教育承担着培养学生提取信息的能力的重要任务。地理学科应培养学生提取地理信息的能力，使学生具有良好的地理信息素养，以适应信息社会的发展。《地理教育国际宪章》指出："一个具有地理信息素养的人能够利用以文字、数据和符号等形式表达的资料、图表、表格、图解和地图等，进行实地考察、绘制地图、进行访问，以及理解二手资料和运用统计数据。利用信息传播、思考、实践和社交等技能去探究从本地到世界各地不同规模的地理课题。"

（一）地理信息加工能力的构成要素

地理学是一门高跨度性的学科，涉及自然世界和人类社会的各方面知识。因此，地理信息也就有着数量大、种类多、空间尺度变化大等特点。可见，培养学生提取地理信息的能力对于地理学习具有重要意义。地理信息加工能力主要包括收集地理信息的能力、整理地理信息的能力和分析地理信息的能力。

1. 收集地理信息的能力

计算机的普及不仅使世界进入了信息化时代，也使得地理信息的储存从旧有的地图、地球仪、地理图表、地理年鉴等媒介扩展到互联网、地理信息系统等新的媒介。因此，对学生收集地理信息的能力要求也不断提高。具体而言，学生要做到以下几点：了解和认识储存地理信息的多种信息源，如地图、GIS、GPS、地理统计年鉴，树立多种渠道获得地理信息的意识；初步了解现

代地理信息工具，如 GIS、GPS、RS，明确获取地理信息的最佳途径；敏锐提取地理信息源中的有效信息，学会甄别有效信息和干扰信息，能够挖掘出信息源所提供的有效隐性地理信息；全面搜集各种信息源中提供的有效信息。

2. 整理地理信息的能力

收集的初始地理信息数量庞大、种类丰富，无法直接进行使用。这就需要学生对收集到的地理信息进行整理归纳。具体而言，引导学生能够将所获取的有效地理信息按照一定的规律进行分类和重组；引导学生能够选择并绘制地图或地理统计图表，对所收集的地理信息进行可视化表达；引导学生能够根据需要转换所收集的地理信息的表达形式；初步具备利用现代信息技术对所收集的地理信息进行综合呈现的能力。

3. 分析地理信息的能力

分析地理信息的能力是地理信息加工的核心内容，学生通过对地理信息的分析发现地理事物之间的联系和差异，总结出地理事物的分布规律，对地理事物的发展和演化进行预测，以及对于一些地理问题得出一系列相关的结论和推论等。分析地理信息的能力具体包含以下几点：能够利用有效的地理信息对地理问题进行分析和解释，如对地理信息之间的逻辑因果关系进行总结；能够利用地图和统计图分析地理事物分布的空间格局和规律，利用地理信息分析区域的相似性和差异性；能够利用简单的统计和计量方法对所收集的地理信息进行分析和评价，如能绘制地图和地理统计图对地理信息的可靠性进行综合评价，利用现代信息工具，如 Excel、GIS 对地理资料进行综合分析和评价；能够利用地理信息对地理问题进行推理和预测，如利用地理信息总结其规律，归纳出地理模型，根据特定地理指标的演变，推断出其变化规律以及未来发展趋势。

（二）地理信息加工能力的教学策略

1. 提供多种信息源教学，促进培养学生提取地理信息的能力

要培养学生获取地理信息的技能，就要重视让学生运用多种方式搜集信息，如阅读地图和各种图表、访谈、实地调查与观测、去图书馆查阅、上网查询。其中，创造机会让学生练习查阅地图、查阅期刊文献、进行野外观测是该项能力训练的重点。

2. 设置开放性习题，培养学生整理地理信息的能力

在整理地理信息的技能培养上,教师要有意识地给学生布置开放性练习题。重视教给学生从各种有效信息中选择最有价值的信息的方法,注意让学生把搜集的信息资料归类整理,写成短文、绘制成图表和简单地图等打造,发展学生的读写能力、绘图能力、图解能力和口头表达能力。

3. 进行开放性课堂,培养学生分析地理信息的能力

在分析地理信息技能的培养上,打造开放性的地理课堂,能够将学生学到的书本知识和现实生活实际很好地联系起来。引导学生主动地获取解决问题所需要的信息,要注意引导学生运用统计等方法分析地理信息资料,运用地图等手段进行推理和得出结论,指导学生从各种信息源中选择地理信息进行分析、综合、评价、预测等思维活动。

三、地理表达与交流能力

《地理教育国际宪章》在序中提到:在一个日渐缩小的世界上,学生需要更高的国际交往能力,以便在经济、政治、文化、环境和安全等广泛的项目上进行有效的合作。地理教育在读写能力、表达能力、计算能力和图解能力等方面做出贡献。

地理表达和交流能力的培养在地理学科教学中占有重要地位。然而在实际的地理教学中,初中地理教师对这一能力培养的重视程度是远远不够的。如果说认识、理解的过程是输入的过程,信息加工是内化的过程,那么表达与交流便是输出的过程。

学生表达与交流能力的培养,不仅可以全面提高学生的学习成绩和综合素质,而且还可以培养学生的创新精神与实践能力,促使学生不断反思,不断提高学生的逻辑思维能力和表达水平,尤其是口头表达和人际交往能力,为学生走向社会提供"通行证"。地理表达与交流能力除了具有一般表达与交流能力的特点外,也有着独具学科特色的特点。

(一)地理表达与交流能力的构成要素

地理表达与交流是指能够使用地理术语、地图、略图、图表、模型等来表达和理解地理观点,探索地理过程和结果,倾听和理解他人提出的不同见解,

并交换意见。地理的表达能力主要是运用地理文字语言、作图、表格、模型等方式来表达自己的观点和想法；地理的交流能力主要是通过小组合作、成果展示、作业考试等方式与他人进行交流合作，并交换意见。

地理表达与交流区别于一般表达与交流的特点表现在以下几点。

1. 文字语言的地理性

地理语言包括书面语言以及口头语言，都具有精确、形象、概括的特点。在使用地理语言的过程中要注意概念的准确使用。在地理学科中有许多较为相似的概念，学生在表达过程中容易混淆，如地形和地势，青藏高原和青藏地区。学生在表达时的用词也不恰当，如用"温度"代替"气温""气压大小"代替"气压高低"等。除了用词的不恰当，还存在条件描述不当、原理的错误使用等情况。地理语言还往往会把抽象的知识形象化，将复杂的知识简单化，如关于一些规律的表达方式会形成概括性的语言：太阳辐射→地区间冷热不均→空气的垂直运动→同一水平面的气压差异→空气的水平运动（风）。从当前学生地理表达与交流能力的培养现状来看，初中生对于地理文字语言的表达还存在着用词不当、逻辑混乱、表述不连贯和不流利等问题。同时，也可以看到对学生书面表达的培养要好于口头语言。只有让学生敢于开口说，才能使"说"成为学生自觉的行为，提高学生的思维能力、书面的语言组织能力以及与人交流的能力。

2. 图表表达以及图文相互转换能力

地理语言的特色在于空间的表达，地理表达交流常常要借助地图、略图、示意图等，这些是具有地理特色的语言，也是学生比较薄弱的地方。考试和做题可使学生分析图表的能力有所提高，基本达到了对学生表达能力的培养，但是对学生作图能力以及图文互换能力的培养是较为欠缺的。作图能力是指学生能够结合所学知识想象和构建适当的、有着清晰结构的心理图式或模型，并且可以将它们用纸笔表达出来。

3. 用地理模型表达地理事物的能力

用地理模型表达地理事物的能力是指学生可以利用所学知识，结合自己的理解，以模型的形式表达出观点和想法。这样做不仅能够使学生增强动手能力，还能更好地理解所学知识，拓展思维，激发创造力。如在学习地震相关知识时，可以开设活动课，用食品包装材料制作防震房屋，每个小组采用不同的结构搭建自己的房屋，最后由教师及学生一起进行地震模拟，看哪一小组的房屋比较结实。这样的活动可以使学生把学到的知识运用到实际中，以模型的方式表达出自己的想法，还可以激发学生的创造力和想象力。

（二）地理表达与交流能力的教学策略

在教学实践中，由于教育体制的束缚、传统观念的固化等多种原因，地理学科在培养地理表达与交流能力上并不突出，效果不尽如人意。那么，在我们的地理教学中，应该怎样去培养学生的表达和交流能力呢？

1. 提问引发即兴思考与表达

课堂提问是培养学生地理表达与交流能力的有效途径。教师在课堂中适时地向学生发问，并留给学生一定的思考时间。问题不宜太长、太大，否则学生在短时间内不易组织语言进行回答；提问覆盖的学生面要广，让大部分学生都有发言的机会；学生回答后，教师要给予及时且准确的点评，如果学生回答不当，教师应给予正确答案。在一些教师的课堂上，我们发现有的教师是为了提问而提问，仅仅是完成课堂中的一个环节而已，学生回答后没有给予及时准确的点评，没有起到相应的作用。

2. 复习锻炼条理清晰的表达

复习课上除了系统地将有关知识进行整理和归纳外，还需要指导学生如何审题和答题。学生说答案时往往会出现条件不明、逻辑混乱、因果倒置等问题，还会出现条理不清、表达不简洁的问题，这时，就需要教师给予精准的点评，及时纠正问题。在每一单元末，留给学生表达交流的时间和机会，可以让学生进行如下活动：将你在本单元学到的知识真在表格中；说出你在本单元学到的和得到发展的技能有哪些，并说明这些技能在你以后的地理学习中会起到哪些作用；说出你在本单元学到哪些你以前不知道的知识；写出你在本单元的活动中遇到哪些困难，并说出原因。在最后的期末复习中，安排每一个学生走上讲台，讲出自己本学期地理课堂上的收获，这也不失为一个培养学生地理表达和交流能力的好方法。

3. 灵活作业加强沟通与交流

课堂以及课外练习的恰当布置可以起到很好的培养表达和交流能力的效果。在我国大部分的地理课堂中，教师布置的作业多数仍然是以传统的填空、问答和材料分析为主，没有太多有新意的作业形式。因此，除传统形式的作业外，还可以通过布置一些形式灵活的作业如问卷调查、制作地理手册及模型、就某一主题撰写小论文等来提高地理表达与交流能力。

4. 适时进行小组讨论

在地理课堂中，多开展小组讨论，可以锻炼学生表达自己的观点以及与他人交流的能力。小组合作提得较多，但是实际的执行不尽如人意，小组讨论往往流于形式；教师给的时间太短，学生还没有讨论出结论就到时间了；教师往往让学生自己推选发言人，这样的做法有其优点，但是不利于每一个学生的发展。在实际执行过程中，教师一定要运用好小组讨论，讨论的主题要有意义、值得思考，让学生有话可说，不要就一些课本上可以找到答案的问题或是对学生来说非常简单或者非常难的问题进行讨论；要留给学生适当的讨论时间；教师可以采取灵活的提问方式，让每个学生都参与，而不是只做旁听者。小组讨论的形式有小组合作、角色扮演、辩论等。

5. 积极开展探究式学习

经过探究得出结论后，对探究结果进行表达和交流也是科学探究的重要组成部分。表达与交流能力更是学生实现探究活动价值和适应未来社会生活的必要条件。科学探究中的表达与交流不仅表现在探究结果的交流上，也应该贯穿于科学探究的始终。由于科学探究更多的是以小组探究为主要形式，所以，集体的合作和个人的能动性是至关重要的，每个个体应该及时把自己的思想以适当的方式表达出来，也积极接纳别人的看法。通过交流，每个个体的想法和已有经验会给组中其他成员以启发。在地理课堂教学中，特别是在探究式学习的课程中，根据课程内容的需要以及学生的接受能力和不同特点，在备课中设计"交流展示"这一环节，这一环节的设置取代了以前一味地记笔记、背笔记的习惯，把课堂还给学生，把问题抛给学生，让他们根据不同情况进行交流。

四、地理实践能力

认识来源于实践，应用于实践。教育活动的展开离不开实践。提高学生的地理实践能力，既是地理学科的价值所在、出路所在，也是学生建构知识、丰富情感、磨炼意志的必然要求。《地理教育国际宪章》认为，地理尤其要发展学生进行实地考察、绘制地图、进行访问的技能；《课程标准》明确提出应培养学生的创新意识和实践能力；在国际中学生地理奥林匹克竞赛中，户外测试部分占总分值的 40%，旨在给学生提供真正接触地理环境的机会，充分体现出要在实践中开展地理教育的要求。

（一）地理实践能力的构成要素

地理实践能力是地理学科能力的重要组成部分，是指学生在地理学习实践活动中形成的以解决实际地理问题为核心的各项能力的总和，强调学生手脑并用、学以致用、"从做中学"的能力。按照地理实践活动的内容，可将地理实践能力分为地理绘制能力、地理调查能力、地理实验能力和地理观测能力。

1. 地理绘制能力

地理绘制能力是指学生绘制地理地图、图表，制作学习用具的能力。其中，绘图能力除传统意义上的纸笔手工绘图能力外，还包括运用现代教育技术、地理绘图软件进行简单的地理图表生成、转换和绘制等操作的能力。义务教育阶段学生应学会绘制简单的条形图、折线图、饼状图、人口金字塔图等，绘制并填写诸如气温、降水量、湿度等地理事象的记录表格，自己动手操作，体验绘图过程。

制作学习用具的过程是学生将抽象的地理知识和对知识内在的理解外显化、形象化的过程。学生通过制作学习用具，可以提高课堂参与度，加深对知识的理解。义务教育阶段适宜学生进行地理制作的内容非常广泛，例如学习地球运动和天文知识时，可组织学生制作简易天文模型，如地球仪、星象图、昼夜长短和四季变化演示模型等；进行模块复习时，可组织学生制作简单的画报、黑板报，布置地理橱窗等。

2. 地理调查能力

地理调查能力是指学生对地理现象进行实地考察、调查，并撰写地理调查报告的能力。地理调查既包括野外实地走访、考察，也包括通过电话、网络等现代传媒工具进行的调查。义务教育阶段所涉及的地理调查和考察非常广泛，例如，学生初学山体知识时，可组织学生去野外观察山体的不同部位，以增强学生的感性认知，积累地理表象；学习自然资源与生态环境的地理知识时，组织学生对当地的自然资源及其利用情况、垃圾处理方式进行调查，增强学生对现实的了解，也可以组织学生通过网络对居民的用电量、用水量、环境素养等进行调查，充分发挥现代网络技术在地理学习中的作用。

3. 地理观测能力

地理观测能力是指学生对地理事物或现象进行有计划的观察、测量、记录，并对所得资料进行分析处理的能力。义务教育阶段的地理观测内容主要包括天文观测〔观测星空、月相变化、月食（日食）、彗星、太阳黑子等〕、气象观测（观测气温、气压、湿度、风向、风速等）、物候观测、河流水文观测、地震观测等。不同于传统的教育场所，野外观测的场所一般在教室外进行，不确定因素和干扰项较多，应使学生有计划、有目的、有重点、全方位地进行观测，这样才能获得准确的观测结果，同时提高学生的地理观测能力。

4. 地理实验能力

在地理学习中，有时需要对一些地理现象、地理原理及过程进行实验演示以增强感性认识，或者证明和检验知识的可靠性，帮助学生深入理解复杂的地理事物。地理实验能力就是指学生在教师的指导下，按照一定的要求，利用指定的设备，采用科学的方法进行实验操作，掌握地理概念、原理和地理规律。义务教育阶段主要的地理实验有自选实验材料或使用计算机，模拟海底扩张、大陆漂移；用沙子和水模拟海陆热力性质差异对季风形成的影响；利用自制地球仪或其他材料模拟昼夜更替和四季变换；火山喷发现象的模拟实验；植物对水土流失的削弱作用模拟实验等。此外，教师对于学生较难理解的其他知识点也可自行设计实验。

（二）地理实践能力的教学策略

1. 选取切合实际的实践内容

学生实践能力的培养离不开实践活动的展开，在组织实践活动时，应注意选择切合实际的活动内容。首先，活动的主题和内容应符合学生的身心发展规律，义务教育阶段应选择易操作、学生感兴趣的内容，以培养基础实践能力为主。其次，所选活动内容应具有科学性和典型性，地理实践活动必须遵循地理学科内在的逻辑体系，才能使学生建立起系统的地理实践能力体系。再次，要配合教学内容和学生所学的知识，同时也要根据本地或本校周围的实际情况来决定实践活动的内容。

地理实践活动内容的选择不限于地理教材，教师可根据教学目标和学生的实际情况，从教学参考书、地理教学网站、论坛中酌情选择。此外，目前许多学校开设了研究性课程，地理教师还可以与其他学科教师交流合作，共同选择实践内容，提高教育教学效率。

2. 制订详细的实践计划

实践活动能否顺利展开，获得应有的效果，关键在于活动组织者能否制订详细可行的实践计划。一份详细的实践计划至少应包括以下几项：①实践目的；②资料准备、物资准备；③实践时间、地点、人员安排、注意事项；④实践方法与实施步骤；⑤实践记录；⑥撰写实践报告。当然，在地理教学中，并非所有的地理实践活动都要提前制订详细的计划，例如室内地理绘图，用地理软件制作地理图表等。对于无须提前撰写实践计划的活动，教师也应做好组织协调工作，以保证实践活动有条不紊地进行。

3. 创造良好的实践条件

实践活动的展开依托于学校、家庭和社会等多方的支持与配合。努力争取和整合多方资源，为学生创造实践的条件是教师义不容辞的责任。目前，许多学校开设了地理专用教室，内设多媒体专用电脑、数字星球系统、天文望远镜、岩石矿物标本、土壤标本、气象传感器等，为学生进行地理实践提供了条件。教师应逐渐开发并充分发挥这些仪器设备的功能。此外，教师可在课余时间组织兴趣小组、实践成果展、地理角等丰富多彩的活动，既可激发学生的学习兴趣，又能给学生一个交流展示的平台。

学生的学习离不开家庭和社会的支持。由于地理实践很多是在野外进行的，教师一方面应与学生家长沟通，得到学生家长的理解与支持；另一方面应积极与当地博物馆、气象站、农场以及科研院所取得联系，拓宽学习空间，构建开放的地理课堂。

4. 建立合理的评价标准

《课程标准》认为，对地理技能的评价，主要考查学生对地理技能的方法和要领的了解程度，选择应用地理技能的合理程度，运用地理技能的熟练程度。重点评价学生：①能否提出地理问题；②能否通过阅读地图、图表等以及通过实地观测与调查等方式收集资料、获得资料；③能否将地理信息资料恰当归类和将地理信息资料绘制成地理图表以及简单的地图；④能否通过分析地理信息资料得出结论并进行检验；⑤参与地理观察与观测、调查、实验、讨论等活动的质量。

对学生实践能力的评价应注重过程性评价，为学生的成功学习创造良好的心理环境，使学生从评价中得到成功的体验，从而激发学生的学习动力，提高教育质量。此外，对实践结果的检验形式应多样化，例如，PPT 展示、报告交流、撰写论文、写反思性学习日记等。其中，反思性学习日记是学生在实践活动后撰写的，有关个人在活动中的感受、收获、不足等内容的日记体文字。它既能为教师下次的活动组织设计提供参考，又能培养学生的自我反思能力和沟通技巧，是一种新的评价方式。

第八节　地理学科的特殊能力探究

一、地理空间能力

有的学者将空间能力与语言能力、计算能力并称为现代教育应当赋予人的"三大基本能力"。多元智力理论的创始人霍华德·加德纳也把空间智力作为人的八种智力之一。我们可以看出，空间能力是人类应该具备的基本能力之一，也是人的基本素质之一。空间与我们每一个人都息息相关，教育应该教会每一个人了解、探索和把握空间。

（一）地理空间能力的概念解析

空间不只是地理学上的一个概念，在心理学、数学等领域，空间也都是一个重要的名词。在这里，我们要讨论的空间能力，主要是基于地理学科的空间概念。地理空间能力是地理学科的特殊能力之一，也是重要的地理能力之一。

《地理教育国际宪章》指出了学习地理的一些主要概念：位置和分布、地方、人与环境的关系、空间的相互作用、区域。《地理教育国际宪章》提出的五个重要概念中，与空间密切相关的就有位置和分布、地方、空间的相互作用、区域这四个，人与环境的关系也是基于地理空间内诸要素的相互作用而产生的。

综合国内学者的众多研究，结合地理科学和初中地理教学的要求，我们认为，地理空间能力应该主要包括地理空间定位能力、地理空间格局的觉察能力、地理空间思维能力。

1. 地理空间定位能力

地理空间的定位能力，主要是指在辨识地理事物的空间位置时，利用纸质地图、心理地图、电子地图等做空间透视，从中得出地理事物的空间位置信息，并可以利用这些信息分析、评价位置信息的优劣。对地理事物进行空间定位时，不仅要确定其绝对位置，还要感知其大小、形状、方位、距离等地理空间关系。要能对地理事物进行空间定位，对地理空间关系进行分析和评价。正确进行空间定位和分析、评价，是具有地理空间能力的重要标志。

2. 地理空间格局的觉察能力

空间定位的地理位置是没有规律的，只有绝对位置和相对位置可言，而地理空间还有一定的格局，具有地理空间格局的觉察能力是地理空间定位能力的进一步深化，是地理空间能力的更高层次。对地理空间格局的认识，我们可以分为观察、理解、预测三个方面，这三个方面的层次也是步步加深的。地理空间格局的觉察能力主要是观察、理解、预测空间格局的差异、联系、排列、规律等，这对空间能力的形成与发展有重要作用。

3. 地理空间思维能力

空间思维能力是空间能力发展的更高级阶段，也是空间能力的重要组成部分。地理空间思维能力是对地理事物、地理现象进行分析、综合、概括、比较、评价、预测，形成对地理事物和现象的全方位、多角度认识。地理空间思维能力是地理学空间能力和地理思维的交叉。可以说，拥有地理空间思维能力才能从本质上认识地理学科，才能运用地理知识解决生活中的问题。

（二）地理空间能力的教学策略

几乎所有的地理课程都会涉及地理空间问题，也就是说在初中地理课堂中可以随时进行培养地理空间能力的教学。在这里，我们介绍三种比较有效地进行地理空间能力培养的教学策略。

1. 充分利用现代信息技术辅助地理教学

地理学科具有空间性、区域性和综合性特征，与初中其他学科相比，不仅需要展示更多的图片、图像，而且还需要进行实验、调查、实习等实践性教学。

但是因为各种条件的限制，实践性教学相对难以开展，所以在当代的地理课堂，利用计算机技术辅助地理教学不仅可以克服传统教学中无法克服的一些困难，而且将带来初中地理教学在教学内容、模式、方法等方面的变革。在培养学生的地理空间能力方面，现代化的计算机技术可以说具有更加独特的优势。例如，计算机技术可以使得地理空间的认知过程视觉化，可以模拟真实的三维空间，可以让学生在地理课堂中"上高山""下火海""逛极地""游沙漠"，真实地感知地理空间的差异，培养学生的空间意识，逐渐形成空间能力。

2. 注重空间能力的层次教学，适时提高学生空间能力的境界

当学生的空间能力达到一定层次时，教师要适时地进行点拨、引导，提升学生的能力。这就要求教师要了解学生的情况，教学时既不能阻碍学生能力的提升，也不能揠苗助长，跨越学生思维的发展阶段。例如，当学生自己可以进行空间定位和评价后，教师要通过展示不同的文字材料、图像等引导学生关注地理事物的空间格局，发现其规律、意义所在；当学生的空间能力提升一个层次后，教师要引导学生用地理空间思维考虑问题，利用具体的实例说明地理空间思维的重要性。这是一个渐进的过程，需要教师发挥引导作用。

3. 适时评价，强化地理空间能力

学生的地理空间能力是在具体的教学实践中逐渐形成的。培养地理空间能力离不开适时有效的评价。教师要将过程评价和结果评价相结合，教师评价和学生自我评价相结合。在过程性评价中，教师要将空间能力教育目标分层细化，并以此来评价学生的达成情况。例如在区域地理的学习中，对区域位置掌握的评价，要求是能大致描绘出区域的经纬度范围（或控制点）、重要地理事物的方位等；对区域特征掌握的评价是能理解区域自然各要素的关系（能说出并绘出关系图），能理解人类活动与区域自然环境和人文环境之间的关系，能将人类活动置于具体的区域中进行评价等。在结果性评价中，应重视考查学生图像信息的获取和应用能力、空间概念的判读和空间思维能力以及绘图能力等。

二、地理特征的综合分析能力

地理环境是地球表层各种自然与人文要素相互联系、相互作用而成的复杂系统。地理学是一门综合学科，包含了地质学、水文学、气象学等众多分支，

本身带有很强的综合性。因此，地理课程是培养学生综合分析能力的重要阵地。在义务教育阶段，地理课程初步揭示自然环境各要素之间、自然环境与人类活动之间的复杂关系，从不同角度反映地理环境的综合性，对学生的地理特征综合分析能力提出了要求。

（一）地理特征综合分析能力的概念解析

地理特征的综合分析能力是运用综合的方法对地理特征进行分析的能力。地理特征的综合分析是指将事物的一个整体的几个部分或者几个事物联系起来进行分析，其具体过程包括分析、概括、抽象、比较、分类等。

1. 逻辑学解释

综合能力是将对象的各个部分联合为整体，将它的各种属性、方面、联系等结合起来思考的能力。分析能力是将一个完整的对象分解为各个组成成分，或者将它的各种属性、方面、联系等区分开来逐一思考的能力。综合能力和分析能力既是相互对立的，又是相互统一的，在思维活动中，二者通过相互联系而发挥作用。

2. 地理学解释

将综合与分析能力运用到对地理事象的认识上时，地理综合能力是指能在思考中将各个不同的地理要素联系起来，找出它们之间的共通点，在脑海中重新建构这一地理事象，从而形成更高等级的整体认识。地理分析能力是指能在思考中将某一地理事象分解成不同的地理要素，并且认识到各要素与整体之间的关系。

（二）地理特征综合分析能力的教学策略

1. 自主设计案例教学

学生可以从案例中提取和运用地理信息，并且综合运用地理知识对地理问题、地理原理、地理规律进行分析和论证。案例也可以将相关地理知识有机融合在一起，以有利于学生对知识进行建构、融会贯通理解知识的内涵。

案例选取应有利于培养学生的地理特征综合与分析能力。可以针对课程与教学目标将案例加以改编整合。案例长度要适中，过短则思考深度不够，过长则无关信息太多；案例问题的设计要有启发性、针对性和梯度性。有逻辑联系的知识易使学生牢固掌握，所以编排案例各知识点时要一环扣一环，相互构成密切联系，形成知识结构体系，既要突出重点，又要以点带面，避免前后倒置，或重复凌乱。案例设计是为培养综合分析能力服务的，因此，在设计案例时，材料内容要有一定的隐性或显性体系，内在逻辑完整而清晰。

2. 善于运用地理图像

地理图像包括地图、示意图、关系图等。地图可以把零散的地理事物条理化。通过地图可以看出各种地理事物的分布和特点，以及这些事物之间的相互影响、相互联系、相互作用的关系。地理学习要重视解读图像信息。图像能够简明扼要地说明地理问题。运用地理图像，学生能够掌握地理事物的概念、分类、特点、分布等知识。学生对图像中表达的地理信息进行提取、分析、整合，可以拓展知识，加深理解，建立知识框架，培养综合分析问题的能力。

3. 挖掘教材课文内容

地理教材的课文内容正趋向于专题化，不拘泥于学科体系，教材陈述的知识点有些可能比较单薄，不利于学生的综合分析能力的发展。因此，教师在教学过程中要仔细研读教材，对有利于培养学生综合分析能力的知识点给予适当补充并建立知识间的联系，加强地理知识的系统性和完善性，以有利于地理学科整体思维的形成。

三、地理过程的描述与简单预测能力

《课程标准》中选取了大量的"地理过程"内容，凸显了"揭示地理事物的空间运动、空间演变规律"的地理课程性质，反映了"探究地理过程、地理成因以及地理规律"的课程设计思路。地理过程的描述与简单预测能力的培养，要求学生模拟科学家的探究过程，自己去发现问题、提出问题并解决问题，充分体现了新课程改革探究学习方式的要求。因此，培养学生地理过程描述与简单地理预测能力，是地理学科能力培养的一项重要任务。

（一）地理过程的描述与简单地理预测能力的概念解析

地理过程的描述与简单地理预测能力包括描述归纳地理空间过程及其规律的能力以及对地理空间过程的简单预测能力这两个基本要素。所谓描述归纳地理空间过程及其规律的能力，是指能较为顺利地描述某个地理事件的空间动态过程并归纳其规律；对地理空间过程的简单预测能力是指依据归纳的地理规律预测地理空间过程的未来发展、变化的趋势。

1. 描述归纳地理空间过程及其规律的能力

地理空间过程是指地理事物和现象随时间的推移而出现的动态变化过程。地理循环过程是指地理事物和现象在一定空间领域内周而复始地运动或变化的过程，如水循环的动态过程。地理演变过程是指地理事物随时间的推移而出现的新旧更替、盛衰消长的变化过程，如湖泊的演变过程。地理波动性变化过程是指地理事物的数量在一定时间尺度内持续变化的过程，如气温的日变化和年变化的过程。地理扩散过程是指地理事物由某一中心或源地向四周扩散的过程，如洪水演变过程。

2. 对地理空间过程的简单预测能力

预测是现代地理学的重要特征之一，它研究人类对环境的改造、各种文化景观的创建，地表自然现象的变化和人文现象的扩散，区域联系与分异等，最重要的是预测它们的未来发展、变化的规律。地理预测能力是指在归纳地理事物的规律后，推测其可能的变化趋势，如周期预测、变异预测和风险预测，为人类的生产生活服务。对于初中生而言，预测活动的重点在于活动过程中学生养成的逻辑思维与非逻辑思维相结合的思维习惯，培养学生质疑、猜测、想象的能力，并养成善于观察地理事物、善于总结地理规律、善于简单预测的习惯。

（二）地理过程的描述与简单地理预测能力的教学策略

1. 再现地理过程，寻找规律并进行简单预测

描述地理空间过程并归纳其规律是对地理空间过程进行简单预测的基础。地理过程往往不是短时间内就能完成的，我们看到的只是地理过程的某一阶段。要想预测将来，就必须熟知地理事物的历史并归纳其变化规律。《地理教育国际宪章》也指出："要解释当前的形势，须从历史和现状着手。认明趋势，可以预测将来可能的发展。"所以，再现地理过程是培养地理过程的描述与简单预测能力的基础。根据地理过程的不同特点，可以采用不同的方法进行重现。

（1）利用多媒体重现地理过程。多媒体技术能够提供不受时间限制的感知材料，可以将漫长的地理过程浓缩在几分钟的时间里演示出来，也可以使稍

纵即逝的地理现象放慢速度，进行状态分解，使学生看清每一个环节。在多媒体技术的帮助下，教师可以根据教学需要，调节地理事物和现象发展变化的速度，完整清晰地展示地理事物的动态发展变化过程。利用多媒体重现地理过程，不仅能让学生对其有完整深刻的认识，还能提高学生的学习兴趣，为描述地理过程并归纳其规律做好铺垫。

（2）利用地理实验模拟地理过程。达·芬奇有句名言："实验是科学知识的来源，智慧是实验的女儿。"通过地理实验能够将地理过程真实地展现在学生面前，具有很强的直观性、实践性和探究性，在重现地理过程的同时，可以改善学生的学习方式，培养学生的科学素养。采用这种方式，教师须在平时生活中注意积累实验素材、设计实验过程，并在课前进行实验操作，验证实验的可行性与科学性。同时，教师也可以让学生自主设计实验过程，培养学生的探究兴趣和科学素养。

（3）利用各种方式重现地理过程，为描述归纳地理过程及其规律服务。教师一定要抓住地理过程重现的机会，培养学生描述地理过程并归纳规律的能力。教师可以在地理过程重现之前提出相关的问题，让学生带着疑问去观察地理过程。例如，地理事物和现象的发展变化是通过哪些环节或以怎样的顺序进行的？各环节或发展变化阶段有什么样的特征？发生变化的原因是什么？该种变化有没有规律？按照这样的规律，地理事物未来的变化趋势是怎样的？

（4）利用具有鲜明阶段性特征的图片等串联地理过程。并不是所有的地理过程都可以用视频、实验等完整地加以再现。对于一些较为复杂的地理过程，教师可以利用能够体现地理事物和现象变化过程中具有鲜明阶段性特征的图片等进行教学，这也不失为再现地理过程的有效方法。例如，展示某湖泊近几年的景观图片，让学生对比观察，描述湖泊的演变过程。在此过程中，不仅培养了学生描述归纳地理过程的能力，还培养了学生的读图能力和观察能力。

2. 提供相关预测，追根溯源，探究地理过程

地理预测是为使地球更好地发展以及人类更好地生活服务的，科学家根据这些预测提出应对相关问题的策略。但有些教师在地理教学中存在一些误区，让学生死记硬背策略，即题目的答案，如植树造林、减少二氧化碳的排放、控制人口数量。学生是否真的明白这些策略背后的道理？为什么要采取这样的措施？这些策略有何作用，是否真的合适？学生应该学习的是过程性知识，而不

是简单的结论。所以，教师在教学过程中，可以从已有的预测出发，鼓励学生大胆猜测、质疑，追根溯源探究地理事物的发生、发展过程，从而论证这些预测的科学性。这种教学策略适用于对仍然存有争议的地理问题的讲解，教师需要提前收集很多相关的资料，并给学生提供充足的时间去讨论和探究。

四、地理因果关系分析与推理能力

（一）地理因果关系分析与推理能力的概念解析

因果关系是自然界和人类社会整个物质世界不断运动变化过程中显现出来的客观的、普遍的、内在的必然联系，是客观事物发展链条上的一个环节。其中引起某一现象的叫原因，被一个现象引起的现象叫结果。地理因果关系也即地理现象与其产生原因之间的关系。有些地理问题是由原因探寻结果，有些则是根据结果追究原因。我们思考的"因为什么地理因素，产生了怎样的地理现象""什么现象是什么因素造成的结果"，或者说"什么地理因素导致、产生、造成、引起、决定什么地理现象"都是在试图表明一种地理因果关系。任何人只要想探讨地理因果关系，都必须从认识什么是引起地理现象的原因，什么是这种地理现象产生的结果开始。也就是说，当我们在考察地理因果关系的时候，必须先弄清楚它们之间的关系并进行正确的逻辑分析，才能真正明白地理事物之间的联系性。

地理因果关系知识的分类和包含的内容主要有以下两点：①就其内涵和外延而言，地理成因可分为简单地理成因与复杂地理成因。简单地理成因的内涵比较集中，外延相对较窄，而复杂地理成因的内涵相对厚重，外延也比较宽泛。复杂成因又具体分为多元成因与连锁成因。②按其具体的内容，地理成因包括自然地理成因、人文地理成因、区域地理成因等。

推理就是根据一个或一些判断得出另一个判断的思维过程。目前，对于推理的分类主要趋向于两种意见：一种是分为归纳推理和演绎推理两种类型，类比推理是归纳推理的一种；另一种是将类比推理独立出来，与归纳推理、演绎推理并列。归纳推理是从对个别地理事物的认识开始，从而获得对地理事物一般规律和普遍共性的认识。演绎推理是以一般性原理为前提，根据具体的情境推导出特殊结论的思维过程。类比推理是指通过两个或两类事物之间存在的相同或相似属性，推理出它们之间还存在的其他相同或相似属性的思维过程。

地理概念、地理判断和地理推理构成了地理推理能力的基本思维形式，其基本关系如下：由地理概念联结成地理判断，再由一个或多个地理判断得出另一个地理判断的思维过程就是地理推理过程，各个地理判断之间是通过"因为""所以"之类的逻辑连接词来表述其逻辑关系。如"地中海地区"和"地中海气候"属于地理概念，由这两个地理概念可以得出"地中海地区属地中海气候"的地理判断，再结合"意大利位于地中海地区"的地理判断，就可以推理出"意大利地区属地中海气候"的新的地理判断。

（二）地理因果关系分析与推理能力的教学策略

在日常的初中地理教学中，使学生通过地理因果关系分析与推理方法的学习，领会如何将科学的思维方法运用于学习过程中，体验提出有关地理因果关系的问题、提出相关假设并加以检验的过程，是培养学生地理因果关系分析与推理能力的基本策略。

教师在培养学生的地理因果关系分析能力时，要注意：①在教学过程中应力求符合学生的认知规律，遵循由感性到理性的原则，在感性的基础上简明地讲解和论证地理事物的特点及成因。无论是一因一果，或是复杂的一因多果、多因一果、多因多果还是因果链条类等，讲授方法不是从因到果，就是由果追因。一般在高年级采用由因到果，而在低年级则采用由果追因，即在讲授因果关系时，力求符合学生的认知发展规律，根据教材和学生的特点采用不同的教学方法。②在讲授成因时，设置合适的情境及问题，运用启发式教学，诱导学生积极思考问题，同时能够配合各种直观的教具和手段深入浅出地讲解问题。③要以动态的即发展的眼光来探寻地理事物的因果关系。

教师在培养学生的地理推理能力时，要注意：①正确认识学生建立新的地理判断的心理过程。由于学生获得地理规律的心理过程都是建立在新的地理判断的基础上，其途径主要有两条，一是发现学习途径，二是推理学习途径，所以要根据学生的心理认知规律，提出与之相符合的推理教学模式。②在地理内容的学习中，不同类别的知识可能会应用到不同的推理方法，采取何种推理方法和培养学生何种推理能力，需要教师深入研究教材，挖掘最适合学生的教学方法来了解地理事物应有的特征及地理事物之间的联系性和差异性。

第二章

初中地理教学技能研究

第一节　地理课堂教学的导入技能

一、导入的作用

课堂导入可以吸引学生的注意，激发学生的兴趣，将学生带到课堂教学中来，同时明确学习的目的，激发学生的学习动机。

（一）集中注意

导入的主要任务是让那些与教学无关的活动得到抑制，使学生专心于教学活动，集中注意力，为学生投入学习的兴奋状态创造条件。导入活动方式的变化和强度的差异，会引起学生的无意注意。一段视频、一幅景观图片及教师生动的语言、丰富的表情、目光的变化等都会引起学生的无意注意。而交代学习重点，提出问题，引导学生读图、做练习，会引起学生的有意注意。无论是无意注意还是有意注意，都会使学生迅速投入学习状态中，并使这个状态得到保持。

（二）引起兴趣

兴趣是学习动机中的重要成分，是求知欲的起点。导入时，教师提供新颖的学习内容，创设新奇的、引人入胜的学习情境，容易使学生产生新奇感，引发学生强烈的学习欲望。另外，地理教师如果能够结合学生的所见所闻，结合生产生活实际，并把学生将要学习的知识、掌握的技能与将来的工作、学习需要联系起来，与家乡、国家或人类发展联系起来，就可以激发学生学习的动力，使学生对地理学习产生浓厚的兴趣。总之，导入的目的就是用各种方法把学生的内部积极性调动起来。

（三）建立知识间的联系

导入的设计，要在充分了解学生原有地理知识与能力的基础上，对这些知识和能力加以运用，建立新知识与旧知识之间的联系，达到温故而知新的目的。

（四）进入课题

在导入过程中，教师要给学生指明学习任务，也需要介绍学习方法和思路，使学生明确学习目的。导入的内容要与课堂教学的中心内容相联系。

二、导入的基本要求

（一）具有较强的目的性和针对性

一切教学活动都是为了实现教学目的。每节课都有具体的教学目标，而一节课的所有教学活动都以教学目标为出发点和最终归宿。导入要使学生明确这节课要学习的内容是什么，通过学习达到什么目标。地理教师在选择导入方式时，要紧密结合所要讲的教学内容、学生特点等实际情况。

（二）具有一定的启发性和趣味性

富有启发性的导入，可以使学生一上课就能开动脑筋、积极思考，有利于后面知识的理解与掌握，使课堂教学进入良性循环状态。教师在设计导入时，应尽量使所提的问题起到引起学生思考的作用，但引起学生思考是在学生有兴趣的前提下进行的。因此，导入方式要具有一定的技巧，并不是简单地运用笑话、故事等，而是要在内容和形式上吸引学生，引起他们的学习兴趣，从而达到导入目的。

（三）具有科学性和简洁性

地理课堂教学的重要任务之一，是使学生掌握必要的地理知识。它的成功需要确保地理知识及其他课堂知识的科学性。进行导入时，地理教师所选择的内容必须科学合理、准确无误。同时，教师要用规范的、专业性的语言进行阐述。导入的本质就是要找到知识之间的联系。它的作用是使学生较自然、顺利地进入学习新知识的状态。导入只是一个过渡环节，不宜占用过多时间。因此，导入一定要简单明了、衔接自然，使学生尽快进入学习状态。

（四）符合学生的身心特点

导入除了要达到吸引学生注意力、引起学生的学习兴趣、使学生较快进入主动的学习状态的目的，还必须在设计时充分考虑学生的年龄特点、心理特征、地理知识基础、生活经验以及兴趣爱好等各方面的特点。例如，对于初中生可以采用趣味性较强的导入方式。只有从学生的身心特点出发，才能设计出适用于学生的、易被他们接受且喜欢的导入方式。

三、导入的基本类型

（一）复习导入

复习导入是通过引导学生复习旧知识，自然而然地将学生带到新的学习活动中来的方法。在导入时，教师可以叙述性地复习旧知识，从而引出新课。

（二）情境导入

从学生的生活实际出发，从学生身边的地理事物或地理现象出发，根据学生的心理特征和各种知识之间的内在联系，提出带有悬念性的问题，导入新课。

（三）故事导入

选取地理学科发展过程中的动人故事导入新课，不仅有利于学生思维的培养，还能引发学生的学习兴趣。

（四）观察导入

在学习新课之前，先引导学生观察实物、模型、景观等，引发学生学习的愿望，然后通过提出问题使学生自然地进入新课学习中。

（五）直接导入

直接导入就是一上课就开门见山地把所要讲的内容介绍给学生，不做任何铺垫。直接导入有利于学生迅速了解学习内容，提高学习效率，以便顺利完成教学任务。教师简洁明快的讲述或设问是直接导入成功的关键。直接导入适合于一个比较完整的学习内容的开始，对于学习自觉性较强的学生更适合一些。教师采用这种方法时，可以对教学的内容和要求进行简洁概要的说明，以引导学生将注意力集中到新课学习中。

第二节　地理课堂教学的提问技能

一、提问的基本过程与功能

（一）提问的基本过程

地理课堂教学提问的基本过程包括以下 5 个阶段。

（1）设计问题。教师根据教学要求，科学设计出需要学生在课堂上回答的问题。

（2）引入问题。教师通过创设问题情境，提醒学生将要提出问题，让学生做好回答的心理准备。

（3）陈述问题。教师根据教学内容提出问题，并对问题做一定的说明。

（4）倾听问题。教师在学生回答问题时，要仔细、专心倾听。

（5）评价问题。教师对于学生的回答要给予适当评价，对正确的回答要予以肯定。

（二）提问的主要功能

1. 激发学生的学习动机和兴趣

人们描述一个人有学问，往往用"上知天文，下知地理"来形容。这其中的"地理"虽然不完全等同于我们今天所说的"地理"，但至少可以说明地理知识所涉及的范围非常广。正是因为这样，地理教学很容易激发学生的学习兴趣，而巧妙的提问无疑是激发学生学习兴趣的催化剂。在提问时，教师围绕着学习的主题，首先提供给学生生动的地理事实材料，然后提问"这是什么？在哪里？是怎样的？为什么？"等问题，把学习的要求转化为生动具体的问题，使学生产生解决问题的欲望，并带着问题去思考和探究，让他们对地理学习保持着浓厚的兴趣，并把注意力集中到课堂上来。

2. 发挥学生的主动性，活跃课堂气氛

科学研究表明，学生的注意力几乎不可能长时间集中。因此，在地理课堂教学中，教师如果能边讲述边提问，或者提出问题让学生讨论，甚至让学生就某个问题展开辩论，就有利于集中学生的注意力，发挥学生的主动性和能动性。

3. 增进师生的交流

在地理课堂教学中，师生之间存在大量的知识信息和情感意向的交流。实现师生互动、双向交流的方法有很多，其中最有效的方式就是进行恰当的课堂提问。一个好的教师往往很注重和学生的互动，而不是唱"独角戏"。一个恰到好处的提问，会增进师生间的认识和情感。因此，教师应尊重学生，注意提问的态度、方法和技巧，使师生交流畅通，营造和谐的课堂气氛。

4. 获取反馈信息，随时调控教学

通过课堂提问，教师可以从学生的回答中了解学生对地理知识的接受程度，检查学生对重点和难点内容的掌握情况，探明学生知识理解上产生错误的原因，反省自己教学中的不足和缺陷，然后及时调整，以利于以后的教学活动。例如，当学生反应活跃、发言积极、回答也很正确时，说明教学顺利；当学生普遍反应迟钝，回答问题不全面、不够准确时，教师就需要换一个角度或换一种方式去启发、引导和讲解。提问获得的教学反馈，往往是教学的最有效评价，也是下一步教学方向的最好指导。

5. 复习巩固所学的知识

提问是复习巩固所学知识的主要教学方式。在每节课开始时，教师针对上节课所学知识提出几个问题，让学生作答。这样既可以使学生巩固上节课的知识，起到承上启下的作用，又可以让学生的注意力马上回到课堂上来。在整节课结束后，教师可以提出一些与本节教学内容相关的问题，检查学生的知识掌握情况，并起到巩固的作用。

二、提问的基本类型

根据教学要求可以将提问分为回忆提问、观察提问、理解提问、应用提问、评价提问 5 种类型。根据提问的内部联系可以将提问分为总分式提问和递进式提问两种。

（一）根据教学要求进行分类

（1）回忆提问。回忆提问是指学生依靠回忆他们学过的知识即可解答的提问，是一种用于检查学生已学知识、培养学生记忆能力的课堂教学提问。这类提问经常用于新课的复习导入和检查性的结课中，不适宜安排在新课展开过程中。

（2）观察提问。观察提问是指学生通过观察即可解答的提问，观察的对象往往是大自然、地图、直观图片等中的地理事实，问题的答案一般是确切而具体的。例如，在学习某一国家的地理知识之初，可以让学生在地图上观察这个国家位于什么样的纬度位置、海陆位置，查找这个国家有哪些相邻的国家，境内有哪些山脉、平原、河流，湖泊等。这样可以培养学生的观察能力和读图能力。

（3）理解提问。理解提问是用来检查学生对已学的知识及技能的理解和掌握情况的提问方式，多用于某个概念、原理的讲解之后，或学期课程结束之后。学生要回答这类问题，必须对已学过的知识进行回忆解释、重新组合，对学习材料进行处理，然后组织语言表达出来。因此，理解提问是较高级的提问，学生通过对事实、概念、规则等的描述、比较、解释等，探究其本质特征，从而达到对学习内容更深入的理解。例如，在学生学习了"地中海气候"以后，教师可以提问地中海气候的形成原因。

（4）应用提问。应用提问是检查学生把所学概念、规则和原理等知识应用于新的问题情境中解决问题能力的一种提问方式。我们经常说学以致用，所以学习的最终目的就是能够用于指导实践，而学习的最高境界就是理论联系实际。优秀的教师经常能在平时的教学中，有意识地引导学生将所学知识应用到新的问题情境中，以解决实际问题。

（5）评价提问。评价提问要求学生运用准则和标准对观点、方法、材料等做出价值判断。它要求学生能提出个人的见解，形成自己的价值观。这是一种最高水平的提问。

（二）根据问题的内部联系进行分类

（1）总分式提问。总分式提问又称牵引式提问，它将一个大问题分解为若干个小问题，且这些小问题本身互不牵连，而分别与大问题相扣。要先回答诸多小问题，再综合探索大问题。其特点是"以小领小，从小到大"，这种提问方式符合学生从具体到抽象、从个别到一般的认识规律，可以有效锻炼学生分析、综合的思维能力。

（2）递进式提问。递进式提问又称层次式提问或台阶式提问，它是指将几个连续性的问题由易到难依次提出，前一个问题是后一个问题的基础，后一个问题是前一个问题的深化，就像攀登台阶一样，步步升高，是一种使学生思维逐步深化的提问方式。

三、提问的注意事项

（一）提问要有启发性

学生的学习是学生理解、记忆、深化所学知识的过程，这个过程必须经过学生的积极思维。地理教师的课堂提问如果具有启发性，就能充分调动学生的学习自觉性和积极性，引导学生进入主动学习的状态，融会贯通所学的知识，提高他们分析问题、解决问题的能力。

（二）问题要明确且难易适中

地理教师的课堂提问，一定要针对教学内容的重点和难点，而且提问不能有知识性错误，表述要尽量直截了当、具体明确，绝不可模棱两可、含糊不清。只有这样，学生才能把握问题，明白该从哪里着手、具体如何回答。这就要求地理教师在认真研究教材内容、充分了解学生特点的基础上提问，同时要注意问题的严谨性。地理教师所提的问题一定要适合学生的知识能力水平，要难易适中。过于难的问题，会使学生感到吃力且难以理解，不能调动学生的积极性；太简单的问题，会使学生思维能力得不到锻炼，不能发展学生的地理学习能力。

（三）科学把握提问的时机和对象

在地理课堂教学过程中，从理论上来讲，地理教师随时都可以提问，但问题是有层次的，是随着教学进程的进行而不断深入的，而学生对于问题的接受也是逐步进行的。只有在恰当的时机提出适当的问题，才能显示提问的魅力，才能发挥其应有的作用，才能有效促进地理教学活动的开展。提问一定要面向全体学生，并根据学生的具体情况，选择回答问题的学生，要让每一个学生都有机会参与到问答的活动中来。

（四）提问形式要多样，鼓励学生发问。

地理课堂教学的提问虽然有诸多好处，但如果不能把握提问的技巧，就不会取得预期的效果。地理教师提问时，要注意形式的多样化，因为单一的提问形式，不仅会使学生感到厌烦、枯燥，激发不起学生的学习兴趣，也会使课堂教学气氛沉闷，不利于课堂教学的顺利进行。学生学习应该是在轻松、愉快的气氛中进行的，而地理教师多样化的提问，会使学生有一种新鲜感，能够激发学生的学习欲望，获得良好的教学效果。鼓励学生发问，可以从以下几个方面做起：尊重学生，给他们敢于提问题的胆量；激励学生，给他们勤于提问题的心态；引导学生，给他们善于提问题的勇气；鼓励学生，给他们善于发现问题的眼睛。

四、提问的主要方法

（一）激趣法

地理课不可避免地存在一些缺乏趣味性且学生理解起来较困难的内容。这就要求教师有意识地提出问题，激发学生的学习兴趣，以创造生动愉悦的情境，从而使学生带着浓厚的兴趣去思考，以达到预期的教学目标。

（二）设置陷阱法

设置陷阱法提问,也称作以错悟理式提问。认知心理学认为,学习是一种"刺激－反应"的联结,而教学则是安排各种情境,给学生以种种刺激并引发其联结,以使其形成正确的观念的活动。传授地理知识除了正确讲解,还应进行一些反面提问,即针对学生作业中常出现的错误进行提问,让学生从正确与谬误的对比中辨明是非,以提高学生思维的全面性、准确性、逻辑性和批判性。这种提问往往比正面提问效果会更好。

（三）铺垫法

这是一种常用的提问方法。在讲授新知识之前,教师要提问与新知识有所联系的旧知识,为新知识的传授铺平道路,为学生学习新知识创造条件,以达到顺利完成教学任务的目的。

（四）迁移渗透法

这类问题的设计要求教师在备课时认真研究学生已有的知识经验,大量收集学生在日常生活中可能接触到的社会、经济、科学等各种信息,结合某节课的教学目的和要求,设计出为课堂教学服务,且能使感性的知识升为到理性知识的问题。

第三节　地理课堂教学的语言技能

一、地理课堂教学语言的功能

教师的语言作为一种教育艺术,在教学尤其是课堂教学中,已不仅仅是传道授业的工具,而是具备了多种功能。地理课堂教学语言具有以下功能。

（一）实现地理教学任务的重要工具

著名教育学家夸美纽斯说过："教师的嘴，就是一个源泉，从那里可以发出知识的溪流。"这句话精辟地道出了教师课堂教学语言的重要性。在地理课堂教学中，地理教师主要通过语言传递知识信息，组织各种教学活动，实现教学目标，完成教学任务。在地理教师的各种教学行为中，语言是核心。教师应用语言，发挥教师的主导作用，调动学生学习地理知识的积极性，实现教学目标。

（二）能够激发学生的地理学习动机

好的教学语言能够激发学生的灵感、使师生关系融洽，有助于师生情感的交流，为学生创造一个宽松、和谐的学习氛围。因此，教师的语言要风趣幽默，给人以愉悦的情感体验。地理教师在教学过程中提出有趣的问题，常常能激励学生，使学生产生学习的愿望。恰当的教学语言，能把模糊的事理变得清楚，把枯燥的道理变得生动。教师严密的逻辑论证、环环相扣的分析、精辟的概括总结，可启发学生思考，使学生的思维始终处于活跃状态，从而提高学生的学习效率。

（三）对学生情感、态度与价值观的养成具有感染力

教学语言可以将地理教师的情感和良好的个性品质表现出来，像春雨般滋润学生的心田。教师的教学语言富于情感，会使学生产生共鸣，从而实现在地理知识的传授中对学生进行情感、态度与价值观的教育。

地理课堂可以说是和生活联系最紧密的课堂之一，地理知识在生活中处处可以体现。如果教师能通过自己的语言将地理知识和生活灵活地结合起来，天长日久、潜移默化，必将使学生养成热爱学习、热爱生活、积极乐观的良好品质。

二、地理课堂教学对语言的要求

语言是完成教学任务的主要工具，教师的语言在很大程度上决定着学生的学习效率。地理课堂教学中对语言的要求可分为对教学语言表达形式的要求和对教学语言表达内容的要求。

（一）语音

中国国土辽阔，各地方言更是千差万别。地理课堂教学要求教师用准确、流畅、清晰的普通话向学生传递信息并与学生互动，清晰是指语言信号和周围背景信号的差异要大。另外，教师教学时要做到吐字清楚、完整，发音字正腔圆。一方面，教师可以通过发音器官的训练来达到；另一方面，教师还应该熟悉所教内容，做到"理直气壮"。

（二）音量

在地理课堂上，教师的声音高低，不仅会直接影响教学效果，还会影响教师在学生心中的形象。适度的音量既能体现教师的威严，又不失对学生的慈爱。音量适度的标准应该是能让坐在教室最后一排的学生不费力地听清楚教师所说的每一句话。另外，教师在讲课时还要注意音量的保持，做到把每句话的每个字都要清清楚楚地送进每个学生的耳朵。

（三）语速

课堂语言是一种专门的工作语言，有人把它称为规范化的口语，其语速要比日常说话及影视解说慢，每分钟 200~250 字。需要注意的是，课堂教学语言中每个字所占用的时间不一样，这是由课堂教学的特点决定的。课堂教学受学生、教学内容、教学环境、教学要求等多个因素的制约，教学语句中有一些长短不一的停顿。其中快慢不一的变化，即所谓的节奏。和谐的节奏，可以使学生听得不疲劳、不紧张，有利于教学质量的提高。另外，每节课都有重点、难点和相关的一些背景知识，有经验的教师往往在讲到本节课的重点、难点时，会适当地放慢语速，以便给学生留下充裕的思考时间；相反，在讲到背景知识时，往往会加快语速，以免引起学生的听觉疲劳。

（四）语调

课堂教学语调分为高亢、平缓、抑制、变换性语调 4 类。高亢的声音易使学生情绪烦躁，平缓的语调易使课堂气氛沉闷，学生振作不起精神来，变换性语调最受学生欢迎。教学语调调节得当，会使课堂气氛更加有序。在变换语调的过程中，应注意做到：用高声强调重点，用平缓唤起回忆，用疑问启发思考，用重复加强语气帮助学生记忆，用突然高声引起注意等。

三、地理课堂教学语言的分类

地理课堂教学语言按其内容可分为一般教学语言、地理专业语言，按表达形式可分为描述性语言与论述性语言。

（一）一般教学语言与地理专业语言

1. 一般教学语言

一般教学语言是指表达所有事物通用的教学语言，而地理课堂中所用的大部分是这种语言。例如，描述地理事物的外貌、分布，说明地理现象的过程、成因，阐明地理事物的特征、原理及组织教学等，都需要大量使用一般教学语言。一般教学语言又可分为转承语、提问语、指令语、强化语和讲解语等。

（1）转承语出现在两个教学片段之间，起到承上启下的作用。这种语言要求连贯自然，在内容上能加强新、旧知识间的联系，增强教学的系统性和完整性。

（2）提问语贯穿在地理课堂教学的整个过程中。教师有时在学生学习新知识前提出一个引人入胜的问题，使学生产生新奇感；有时在讲解过程中提出问题，使学生的认识深化；有时在课程将要结束时提出问题，以复习巩固新知识或埋下伏笔，为下节课打下基础。提问语要求明确、清晰，语速较慢，能引起学生思考。教师发问时要注意学生是否听明白了题意。

（3）指令语是指教师要求学生做什么的语言。这种语言要能引起学生的注意，并清晰明确。

（4）强化语是指教师鼓励和帮助学生的话语。这种语言要注意真诚热情、掌握分寸、变换方式、拿捏好时机。

（5）讲解语贯穿于教学活动的始终。讲解语除了要求语音、语速、语调恰当，还要求词汇丰富、用调准确、富于条理、精练生动等。

2. 地理专业语言

地理专业语言是指地理术语，即地理学科的专门用语。这些专门用语是由地理基本概念组成的名词体系，因此每一个词都有它特定的意义和使用范围，不能随意使用。

（二）描述性语言与论述性语言

1. 描述性语言

地理描述可以分为地理现象描述和地理景观描述。地理现象描述一般将地理现象发生、发展的过程，如事物的形态、运动变化的强度等分别讲清楚，常用科学数据加以论证，或选择具体事例进一步说明。地理景观描述则要将地理要素的种类、形态、关系、结构以及相对变化介绍清楚，不断变换观察角度，从地面及内部，从微观与宏观等进行，将学生带入地理情境中。

2. 论述性语言

地理教师在讲述地理概念、特征、原理、规律等理性知识时，常使用论述性语言。这种语言逻辑性强，它强调简练准确、层次分明，注重把握概念的内涵和外延，以揭示地理事物的内部联系，进行科学的判断、推理、分析和概括，用理性知识统帅地理事实材料，做到有理有据。

四、地理课堂教学语言的作用

教学语言在传递和延续人类文化和开发学生智力的教学活动中具有非常重要的作用。地理课堂教学语言的作用主要表现在以下几个方面。

（一）教学语言是教学活动的重要工具

教学活动的组织和开展及师生之间信息的传递、情感的交流，都是依靠语言这个交际工具进行的。如果没有教师利用语言进行讲解、指导和启发，只有学生根据教材自学，就不可能构成教学活动。即使在远程教育被熟知的今天，教学语言仍然是不可替代的。所以说，没有教学语言就不可能有教学活动。

（二）教学语言是教师教育学生最主要的手段

在教学活动中，无论是知识传授还是思想教育，都离不开教学语言。从知识教学来看，任何一种教学方法，都要有教学语言的参与。在以教师活动为主的教学活动中，不可能没有教师的阐述、讲解、提示和引导；同样，在以学生活动为主的课堂，也离不开教师的指导、组织和说明。从思想教育来看，在所有的德育方法中，说服教育是最常用和最直接的方法。它不仅可以通过语言变化来烘托教育气氛，还可以通过其他手段来强化教育效果。另外，其他的德育方法也需要教学语言的参与。所以说，教学语言是教师教书育人的最主要手段。

（三）教学语言是启发学生思维和提高教学质量的关键

语言是思维的工具。在教学过程中，教师的语言刺激是学生思维的保障，教师语言的引导使学生的思维得以运转。善于表达的教师，可以通过严密的分析、准确的表达、巧妙的设问，来调动学生的学习积极性，引导学生开动脑筋、积极探索，以促进学生思维能力的发展。同时，富于艺术性的语言表达，还可以使学生加深对所学的知识的记忆和理解，从而促进教学质量的提高。教学语言对提高学生思维和教学质量的作用已经被许多教学实践和研究所证实。

（四）教学语言是学生学习普通话的范本

普通话是国家大力推广和使用的官方语言。在教育活动中，普通话是合格教师的职业语言。教师语言行为有很强的示范性，是学生学习和模仿的对象，可以对学生产生潜移默化的影响。在地理课堂教学中，教师使用普通话，能够为学生学习和讲好普通话树立良好的榜样，学生在耳濡目染的学习活动中普通话水平会得到迅速提高。因此，教师要积极使用普通话，并做到语言规范。

第四节　地理课堂教学的结束技能

一、地理课堂教学结束环节的功能

（一）归纳整理，使知识系统化

一堂课的每一个阶段，都有各自的特点和任务。在课堂上，学生并不能对知识形成系统的认识和明确的框架体系。因此，在阶段性学习过程进行之后，恰当的结课可以帮助学生做一次简要的回忆和整理，理清知识脉络，便于学生把握知识重点，利于学生从复杂的教学内容中简化提取并储存信息；还有利于学生把新的知识点"同化"到已有的"认知结构"中，使新、旧知识系统化，形成一个"点—线—面"结合、纵横交错的知识体系。

（二）巩固强化，使学生把握关键知识

记忆是一个不断巩固的过程，而课堂结束环节其实就是"及时巩固和回忆"。一堂地理课中，往往涉及不止一个地理事物、地理现象或地理原理。课堂结束时，正是学生到了思维疲倦的时候，也正是防止遗忘、提高记忆效率的最佳时间。教师应该抓住这一时机，及时组织学生进行复习，巩固所学内容。这个过程要强调教学内容中的重点和关键点。因为对重点和关键点的深化与提升，是学生把握知识的关键。因此，在一节课或一个教学内容结束时，教师针对教学内容，采取有效的方式进行归纳和总结，可以帮助学生提高对知识的理解、记忆和运用。

（三）获得反馈信息，检查教学效果

在课堂教学中，教学信息能不能被迅速、准确、全面地反馈出来，决定了教师能否灵活并及时地调整教学节奏、教学手段和教学内容，使教学更具有科学性、针对性，这也是教学成败的关键所在。在一节课或一个教学内容结束时，教师利用最后一段时间通过提问、练习、完成各种类型的作业测验、学生口头总结实践活动等方法，检查教学效果。这个过程既是一个强化反馈的过程，也是学生的知识与技能、过程与方法、情感态度与价值观得到落实的过程。通过反馈，教师可以全面地了解教学质量，为实现有效的课堂调控和改进下一阶段的教学提供依据。

（四）拓展延伸，促进学生思维发展

一堂课所能涵盖的内容是有限的。在一堂课或一个教学内容结束时，教师利用设疑启发、讨论探究或布置资料查阅、实践活动等，留下悬念、埋下伏笔，使学生进行深入思考，进一步激发学生持续学习的积极性，使学生产生强烈的

求知欲，从而把学生引向教材之外、课堂之外、学校之外的广阔知识海洋，使学生的学习活动不因为课堂教学的结束而结束。

好的课堂结束语，可以拓展知识、延伸课堂，促进学生思维发展，培养学生解决问题的能力和创造性思维。

二、地理课堂教学结束环节的类型

课堂教学是一门艺术，教学经验丰富的地理教师，都会注意把握好课堂的结束部分，设计一个恰到好处的结束环节。通过运用归纳总结、预设悬念、构建框架、新旧联系、对比分析、游戏巩固等丰富多样的结课方法，使课堂教学的最后环节成为"点睛之笔"，尽显结课技艺的精湛。

地理课堂结束的方法与形式多种多样，教师可以根据不同教学内容和不同学生的特点以及课堂上的实际情况灵活选用。归纳起来，地理教学中常用的课堂结束类型有以下几种。

（一）总结型

这是一种最常见的课堂结束形式，是指教师引导学生动脑、动手、动口，用简明的评议或文字、专业用语、图示、列表等形式归纳总结所学新知识的规律结构或主线，以揭示知识内在联系或逻辑关系的结束方式。这种归纳总结绝不是简单地重复教学内容，而是在课堂教学结束前较短的时间内，由教师或学生用精练的、有条理的语言概括、总结课堂的重点、难点，并将所学内容加以梳理的过程。这种结课形式能理顺学生认知的思路，使学生在头脑中构成完整的知识体系，加深学生对所学内容的理解，培养其综合概括能力。总结应具有提纲挈领、全面准确、简明扼要的特点，起到巩固强化的作用。

（二）悬念型

教学是一个不断设疑、释疑、再设疑的过程。在课堂教学中，为了引导学生不断思考，对于前后有密切联系的课程，教师可在课堂尾声处紧扣主题设置一些必要的悬念，即在课堂结束时，故意留下悬念，使学生置身于"问题情境"中，唤起学生浓厚的学习兴趣和强烈的求知欲，形成"我要学"的心理状态。这也为由教师对学生的单方面传授转向教师与学生的双向交流创造了有利条件。

很多地理知识都具有严密的逻辑体系,前面的知识往往是后面知识的基础,悬念会使学生产生想继续探究的想法。

(三)比较型

许多地理事物和地理现象都既具有相关性,又具有相异性。初中地理教材的基础知识包括大量相关的地理概念、地理事物、地理特征、地理规律及基本原理等。在学习这些知识的过程中,学生常常会觉得不易分辨或感到抽象,难以记忆掌握,以致在描述、解答问题时答非所问。在地理课堂教学结课时,教师若能恰当地运用比较法,将新、旧知识关联起来,进行归纳对比,将近似的概念进行分析比较,将同一类地理事物和现象进行分析比较,就能帮助学生把已掌握的地理知识和学习的内容进行比较,使学生对地理概念、规律、原理有清晰的认知,同时对旧知识也进行了巩固。

(四)趣味型

趣味型结课是一种寓教于乐的课堂教学结束方式。大量的、枯燥的地理知识,会导致不少学生对其缺乏兴趣,甚至产生厌学心理。而在一堂课结束之际,又正是学生产生疲劳感、注意力易分散之时,此时教师通过设计符合学生年龄特点且与教学内容紧密联系的辩论游戏、表演等活动来结束一堂课,能帮助他们从倦怠的心理中解放出来,缓解课堂教学的沉闷,松弛学生的紧张情绪,唤起他们主动参与的热情,使学生在轻松、愉快的氛围中巩固所学内容,达到"寓教于乐"的目的,收到事半功倍的效果。

(五)考查型

考查型是指教师在课堂教学的最后时间段里,根据教学目标、教学重点内容,提供思考题或限时训练题,通过练习来结束课堂教学的方式。这也是一种较常见的地理课堂结束形式。一堂课中,教师过多的陈述和归纳语言,会使学生产生听觉上的倦怠。教师精心设计相应的练习题,在课堂结束前几分钟,用提问、讨论或测验等手段实施练习,重新把学生的思维拉回课堂教学的重点内容之中,既能使学生巩固所学知识,提高教学效果,又能及时掌握学生的学习情况，了解教学中存在的问题。教师在运用这种方法时，时间的安排必须合理，且考查形式和训练题型要灵活多样。这种结束形式不同于课堂大量的练习形式，而是通过不多但很典型的题目考查来进行的。切不可把常规的课堂教学变成习题课或考试课，使学生产生紧张情绪。对于学生的反馈，教师要做出及时、公正的评价，不失时机地给不同层次的学生以充分的肯定、激励，以提高学生的学习积极性和综合思维能力。

三、地理课堂教学结束环节的基本要求

依据课堂教学的客观规律，课堂教学应是由导入、展开、结束等几个密切联系的环节组成的有机统一整体。一般情况下，课堂教学的教案设计都是根据教学内容，结合学生的认知心理进行设计，最终必然服务于教学目标。教师在设计结课时，要加强前后知识的联系，保证教学结构的完整性；同时，必须使结课服务于教学目标，保证课堂教学的有效性，力求做到首尾呼应。结课技能的运用一般应符合以下基本要求。

（一）紧扣课堂教学目标

教师在实施教学的各个环节时，尽管在不同的阶段应有不同的侧重，但都是建立在总的教学目标基础之上的。无论什么形式的结课设计，最终都必须紧密围绕教学中心，服务于教学目标，服务于课堂教学的有效性。

（二）高度概括，重点突出

结课是强化重点、巩固记忆的重要环节。这就要求结课时要简明扼要，突出重点，便于记忆。如果是口头语言总结，就必须做到语言清晰、精练、准确，以加深学生对所学知识的理解和记忆。如果是文字语言（板书、板图、课件等）总结，就一定要提纲挈领地揭示知识结构、展示教学重点，层次清楚，一目了然。

（三）揭示知识联系，形成知识体系

地理课堂总结的目的之一是揭示知识之间的联系，形成知识体系。教师在总结时特别要注意把握教材整体结构，按照知识的内在联系，前后沟通、内外

联系，把凌乱的知识点串联起来，经过精心加工而得出系统化、简约化、有效化的知识网络，帮助学生在大脑中形成条理清晰的知识体系和完整的认知结构。

因此，教师在总结时应做到：

（1）熟悉各个知识要点及知识点之间的联系。

（2）熟悉所授知识在整个教材中的地位和作用。

（3）能清晰、直观地揭示地理知识之间的内在联系。

（四）方法多变，调动学生积极参与

课堂教学结课的方式多种多样，因而教师要根据教学内容，尤其要根据学生的身心特点和需要，对结课的方式方法加以选择，灵活运用，不断创新。有的教师习惯于用一种方式结课，即下课前利用课堂板书，让学生逐条回忆，进行当堂复习。这种方法对低年龄段的学生加强记忆是很有帮助的，但若每节课如此，不断机械地重复，那么再好的方式，也会让学生感到索然无味，也必然会使教师的劳动成为无效劳动。

课堂教学的主体是学生。结课过程应该立足于调动学生的积极性，引导、鼓励学生参与获取知识的过程，也应该充分体现学生的主体地位。

应该注意的是，课堂教学是一个有机整体，应构成整体和谐之美，课堂教学的结束也要做到自然妥帖。

（五）具有激励性和启迪性

结课预示着课堂教学内容即将结束，教师应根据周密的授课进度与内容，或设悬结课，或抒情言课，或设计多角度的变式训练，使学生将学到的地理知识应用于问题解决之中。这时，对学生在学习过程中的进步，教师要给予及时的表扬和鼓励，使学生获得成功的体验，进一步激发学生学习的积极性和主动性。同时，课堂结束时的问题设计、悬念设计要再度激发学生的学习欲望。教师要鼓励学生走出课堂，去探索生活中的地理知识。在应用地理知识的过程中，学生能够加深理解并巩固、扩展知识，形成多种地理技能。

（六）首尾呼应，相对完整

"首尾呼应，相对完整"主要表现在两个方面。

第一，在地理课堂的新授课中，很多教师会采用设置悬念的方式，引起学生兴趣，因此在结课时要揭示悬念，避免让导课问题"悬而未决"。

第二，课堂结束时，教师对知识的整理归纳要与课题相呼应，点明课题与各知识点的关系，以使教学内容系统化。

（七）适时适度，紧凑合理

初中课堂教学时间一般为 45 分钟，这是符合初中生的年龄和认知心理特征的。因此，教师在授课过程中，既要严格按照课前设计的教学计划由前而后依次进行，又要根据课堂实际情况，及时地调整课堂教学的节奏，有意识地照顾到课堂教学的结课。教师结课时既不要费时太多，也不要潦草结尾或实施"拖堂"、打疲劳战。一般情况下，课尾结课时间安排在 3 ~ 5 分钟，因课而异。总之，结课要适时适度，紧凑合理。

第五节 地理课堂教学的组织技能

一、地理课堂教学组织的功能

（一）维持学生的注意力

初中生的有意注意逐渐发展，无意注意仍起主要作用，情绪易兴奋，注意力不稳定。为了有效地组织学生学习，教师必须重视随时唤起学生的注意力。上课开始时，学生的注意力往往还没有集中到课堂上，这时教师可通过提问复习上一节课的重点内容，或讲一段短而精、又与教学内容有关的趣事作为开场白，将学生的注意力转入课堂中。当讲课过程中发现学生注意力分散时，教师应当转换话题或暂停讲课，可以通过启发、引导学生围绕课题进行讨论等各种方式调节他们的注意力。在讲到重点、难点部分时，教师要放慢语速，加重语气，提高音调，对关键词句适当重复，对难懂部分举例说明，以吸引学生的注意力。可见，正确地组织教学，严格要求学生，对维持学生的注意力具有非常重要的作用。

（二）激发学生的学习兴趣

兴趣是认识某种事物或某种活动的心理倾向和动力，是进行教育的有利因素，对学生获得知识、发展智能具有重要作用。在教学中，教师根据地理学科特点、知识特点和学生年龄特点，采用各种教学组织形式，调动学生学习的积极性，使他们兴趣盎然地进行学习。

（三）增强学生的自信心

学生在过去的学习情境中越有成就，自我感觉就越良好，情绪也就越佳，持续学习的动机也就越强烈。教师在组织课堂教学时，可以从不同学生的实际出发，分层次、因人而异地提出学生经过努力后能够达到的目标和要求，为每一个学生都创造成功的机会，并及时地进行鼓励性评价，从而增强学生的自信心。

（四）营造良好的课堂气氛

课堂气氛是整个班级在课堂上情绪和情感状态的表现。只有积极的课堂气氛才符合学生求知欲旺盛的心理特点。从教育角度看，生动活泼的教学气氛，会使学生大脑皮层处于兴奋状态，易于其全身心地投入学习。教师通过行之有效的课堂组织方式，使教与学的双方感情交流通畅，引导学生以满腔的热情投入学习中，提高课堂教学效果。在课堂教学中，如果教师能紧扣教学内容，穿插生动有趣的故事等，寥寥数语就能起到活跃课堂气氛的作用。

二、地理课堂教学组织的构成要素

（一）提出要求

在课堂教学过程中，教师要不断地对学生提出要求，一方面，可以维持课堂秩序；另一方面，可以不断集中学生的注意力，使学生了解每个教学环节和教学步骤的意义，推动课堂教学的顺利开展。提出要求不仅要告诉学生该干什么，而且要告诉学生为什么要进行这项活动，怎样进行这项活动。

（二）安排程序

在提出要求后，教师有时还需要进一步向学生说明进行某项学习活动的详细程序，以便使学生大体上遵循相同的步骤去完成同一项任务。讲解和说明这些程序时，教师可以在提出要求后即做出整体说明，或在学习活动过程中逐步进行解释，也可以两方面兼顾。

（三）指导和引导

学生活动过程有时还需要教师不断地指导和引导。指导侧重于对学生操作方法和动作方式的肯定或矫正，可以保证学生及时了解该行动，从而训练基本技能。因此，教师指导应多用于学生观察、自学练习等方面。教师的引导应侧重于对学生思维的启迪和注意力的转移，以保证学生思路通畅及教学过程的连续性，应多用于学生听讲、观察、讨论等方面。

（四）鼓励与纠正

鼓励与纠正是教师对学生学习活动效具的一种反馈，是对学生期望心理的一种回应。及时的鼓励与纠正，一方面可以强化对课堂教学的组织；另一方面可以维持学生学习的主动性和积极性。鼓励与纠正的时机应选择在学生活动产生一定效果后，过早易使学生自满或自卑，削弱学生的积极性和进取心；而过迟又易使学生的期望落空，导致注意力的转移。因此，鼓励与纠正都要有即时性和迅捷性，而且应该密切结合。

三、地理课堂教学组织技能训练的原则

（一）了解学生，尊重学生

教师要根据学生不同的兴趣、爱好和个性特点，用不同的方法进行教育和管理。对不善于控制自己的学生，要多督促和指导，使他们学会管理自己；对有思想情绪的学生，要采用提醒、鼓励的方法。教师对学生进行管理时，要尊

重他们的人格，坚持正面教育，以表扬为主，激发积极因素，克服消极因素。

（二）注意方式，把握时机

组织课堂教学绝非一次性行为。围绕不同的教学内容、不同的教学环节或教学步骤，教师要多次组织课堂教学。因此，在设计教学时，地理教师应充分考虑各教学环节中组织课堂教学的恰当形式并掌握好时机，及时进行。

（三）明确目的，教书育人

教书育人是课堂组织的重要任务。通过课堂组织，教师要使学生明确学习目标，热爱地理科学知识，形成良好的行为习惯。在地理教学中可渗透德育内容。在传授科学知识的同时，对学生进行情感、态度与价值观的教育对课堂教学的组织十分有利。在教学中，教师严谨的治学态度、精湛的教学技艺、高度的责任感，对学生都有言传身教、潜移默化的作用，会影响学生的学习态度和纪律行为。

（四）灵活应变，因势利导

教师要对课堂上发生的意外情况迅速做出反应，及时采取恰当措施，因势利导，把不利于课堂教学的学生行为，引导到有益于学习或集体活动的方面上来，恰到好处地处理个别学生的问题。

第六节　地理课堂教学的"三板"技能

一、地理板书技能

（一）明晰思路，突出重点

板书能够通过一定的表达格式，记录下教学内容的逻辑顺序和教学进程，对学生的思路有指导和调节的作用，使学生定向注意和定向思考。学生利用板书指示的认知思路，可以优化理解学习内容。板书可以帮助学生掌握学习内容的要点、脉络和体系，还可以帮助学生巩固所学。教师可以通过板书把重点内容用简明扼要的文字呈现出来。板书可长时间给学生以视觉刺激，利于突出教学重点。

（二）构建框架，增强记忆

课堂上教师所讲授的知识有其内在的逻辑层次，仅仅用口头语言表述，会使学生难以全面、准确地掌握知识和构建知识体系。板书可以提纲挈领地反映教材内容，以及部分与部分之间、部分与整体之间的关系。板书还可以将不足以用口头语言表达的内容显示出来，及时补充足量的教学信息。另外，学生边听边记，大脑调动、协调眼、耳、手等多种感官，有助于理解记忆教学内容。心理学研究早已证明，学生的视听配合，能使注意力更持久、理解更充分，从而强化信息记忆。

（三）激发兴趣，启发思维

板书可以使学生通过视觉获得知识信息，从单一的听觉刺激扩大到视听刺激，并将视、听刺激巧妙结合起来，从而使学生的注意力得到集中。学生视觉和听觉的交互使用，可以避免长时间单纯运用听觉的疲倦；具有直观性特点的板书，能够将复杂的教学信息浓缩成简明的、富有艺术性的符号构图。这样可以极大地引起学生一系列积极的心理活动，激发学生的学习兴趣。好的板书教学可以启发学生的思维，有助于学生自觉学习。教师以板书问题为媒介，可以调动学生的主观能动性，让学生在寻找问题答案的过程中拓展思维。

二、地理板图、板画技能

地理板图、板画技能是指地理教师在教学过程中，凭借记忆和熟练技巧，将复杂的地图、地理现象用简练的笔法绘制成速写图、示意图和黑板画等。板图和板画也是地理教学语言，是地理教学常用的手段。

（一）地理板图、板画的基本特点

（1）简便实用。地理板图、板画以简单的笔画按需绘制，所画的内容切中要点、一目了然。板图、板画勾画简单，能够变成讲授的对象。

（2）绘制迅速。地理板图、板画笔法简练、绘画迅速、以快取胜，利于教师边讲边绘。

（3）讲绘同步。利用板图、板画边讲边绘，可使讲授的内容具体化、形象化，使精练的语言描述与形象的勾画协调统一，能使学生在观察中获得准确的地理分布知识、掌握具体的地理过程，收到事半功倍的效果。

（4）讲练结合。地理板图、板画简单易学。学生模仿教师所画略图练习板图、板画的绘制，可以复习巩固知识，加深记忆，培养能力。板图、板画内容精炼，可代替大量语言，有利于讲练结合。

（二）地理板图、板画的作用

（1）简化原图，突出要点。地理板图、板画是用简单的笔法简化原图，把复杂的地理事物和现象简单明了化，并使所要表现的地理内容鲜明醒目、一目了然，有助于学生直观地理解一些不易观察到的地理事物和现象，便于学生记忆。但要注意地理板图、板画只写意，不写实。

（2）揭示规律，化难为易。运用地理板图、板画进行教学，有助于教师的口头讲授，也可以使学生从复杂的地理事物中抓住本质，揭示其内在联系和规律，便于学生理解记忆。同时，对于学生难以了解的地理现象，也可以借助板图、板画演示，实现化难为易。

（3）展示过程，变静为动。许多地理事物都有其发生、发展的运动过程，其间存在着复杂的因果关系，仅依靠教师口述，学生难以理解。但是，如果教师边口述、边有层次地借助板画展示动态过程，讲、画同步进行，就有助于学生感知和理解地理事物的运动和变化。

（4）强化记忆，培养技能。在地理课堂教学中，教师边讲边绘板图、板画，使静止的图动起来，使讲授的内容更加具体化和形象化，可以集中学生注意力，充分调动学生的视觉、听觉等感官活动，强化学生记忆。同时，板图、板画可以减少教师不必要的教学语言，节省时间，实现精讲多练。学生通过记笔记的形式，抄绘地理板图、板画，既强化了记忆，又培养了绘图的地理技能。

（三）地理板图、板画的基本类型

（1）地图。简略地图是地理板图的主体，主要是各类地理事物和现象的分布图，常用类型有政区轮廓图、山河分布图、自然带分布图、气候类型分布图、资源分布图。

（2）示意图。示意图用于展示地理现象和地理事物变化规律或过程。常见的有天气系统示意图、水循环示意图、太阳直射点的移动示意图。

（3）模式图。模式图用于表示一些地理事物分布的特定表现形式，大多为理想模式。它与实际地理事物的分布有所差异，主要是帮助学生掌握地理事物分布的一般规律，如世界表层洋流分布模式图，气压带、风带分布模式图，气候分布模式图，自然带分布模式图。

（4）剖面图。剖面图主要指剖析地理事物的水平分布规律、垂直分布规律、内部构造等地理规律的板图，如地质剖面图、地形剖面图、大气剖面图、河湖海断面图。

三、地理课堂教学"三板"技能的训练

（一）板书技能训练的原则

1. 处理好板书内容与形式的关系

地理板书的设计，应做到内容重于形式，形式服务于内容。形式必须依据教材内容设计，不能一味追求形式美，而使板书内容表达不准确或有遗漏。要在保证知识的系统性和完整性的前提下，考虑最优的板书表现形式。

2. 处理好板书书写与讲解的关系

板书作为课堂上教师的书面语言，与教师的讲解一起共同完成教学任务，因此二者相辅相成。在教学过程中，有时是边讲边写，有时是先写板书后讲解，有时是先分析讲解，后归纳成板书。教师要根据教学需要，把握书写板书的最佳时机，力求更好地服务于教学。

3. 处理好板书设计与运用的关系

板书设计是教师在备课时，根据教学内容、教学目标事先设计好的，而在

实际的课堂教学过程中可能会出现一些问题，如有时事先设计的板书较多，但板面较小不够写或时间不够来不及写。这就要求教师在实践中不断积累、总结经验，必要时还要在上课前进行试写，设计出最符合教学实际的板书。

（二）板图和板画技能训练的原则

1. 重视课前设计

在教学过程中，采用什么样的板图、板画既科学美观，又能收到良好的教学效果？在课堂上，什么时候呈现和怎样呈现地理板图、板画，才能与讲解协调一致，才能把板图、板画运用得恰到好处？这都需要教师在课前进行精心设计，认真考虑，胸有成"图"。

2. 熟悉边讲边绘

地理板图、板画在课堂上的运用，要边讲边绘，同时给予学生听觉刺激、视觉刺激和动觉刺激。

3. 正确引导示范

在地理课堂教学过程中，地理教师在自己边讲边绘板图、板画的同时，也可以要求学生模仿绘制这些地理板图、板画。学生在自己动手绘制板图、板画的过程中，既可以加强对地理知识的理解记忆，又可以培养绘图能力。

第三章
初中地理教学设计研究

第一节　地理教学设计的基本概述

一、地理教学设计的概念

（一）"教学设计"的概念

国内外对"教学设计"的概念，目前尚未有统一的认识，其中较有影响的理解主要有如下几种。

一是将教学设计视为一门设计科学。如伯顿认为，教学设计是设计科学大家庭的一员，其实质是对学业业绩问题的解决措施进行策划的过程。也有学者认为教学设计是运用系统思想和方法，以学习理论、教学理论和传播理论为基础，来计划和安排教学全过程的诸环节及各要素，以实现教学效果最优化为目的的科学。①

二是将教学设计视为系统计划或规划教学的过程。如加涅认为，教学设计是一个系统化规划教学系统的过程。肯普认为，教学系统设计是运用系统方法分析研究教学过程中相互联系的各部分的问题和需求，确立解决他们的方法步骤，然后评价教学成果的系统计划过程。史密斯认为，教学设计是指运用系统方法，将学习理论与教学理论的原理转换成对教学资料、教学活动、信息资源和评价的具体计划的系统化过程。乌美娜认为，教学系统设计是指运用系统方法分析教学问题和确定教学目标，建立解决教学问题的策略方案、试行解决方案、评价试行结果和对方案进行修改的过程。何克抗认为，教学系统设计主要是以促进学习者的学习为根本目的，运用系统方法，将学习理论与教学理论等原理转换成对教学目标、教学内容、教学方法和教学策略、教学评价等环节进行具体计划、创设有效的教与学系统的过程或程序。皮连生认为，教学设计是

---

①李家清. 中学地理教学设计与案例研究 [M]. 北京：科学出版社，2012：84.

在实施教学之前，依据学习论和教学论原理系统计划教学的各个环节，为学生的学习创设最优环境的准备过程。[①]

三是将教学设计视为一门与学习开发有关的技术。如梅里尔认为，教学设计是一种用以开发学习经验和学习环境的技术，是一种将不同学习策略整合进教学经验的一门技术。[②]

教学设计可以分为广义和狭义两种类型。广义的教学设计一般由专业设计人员进行，包括目标设置、教材开发、测量评价、工具开发和教学策略开发等。狭义的教学设计则专门指教师进行的课堂教学设计。现代教学设计具有如下方面的特征：①教学设计的目的在于帮助个体学习；②教学设计的类型有短期和长期两种；③系统设计的教学能极大地影响个人的发展；④教学设计应该以系统的方式进行；⑤教学设计必须基于有关人类学习的研究。[③]

（二）地理教学设计的含义

由上述"教学设计"的不同定义可以看出，虽然国内外学者对教学设计有不同的认识和看法，但多数学者还是较为一致地将教学设计视为一种对教学进行计划或规划的过程。笔者也比较认同这一看法，而且比较认可我国教育心理学家皮连生教授的说法，即教学设计是在实施教学之前，依据学习论和教学论原理，系统计划教学的各个环节，为学生的学习创设最优环境的准备过程。

鉴于上述理解，本书认为，地理教学设计就是在地理教学过程具体实施之前，地理教师依据相关教学理论和学习理论，以现代教学理念为引领，以促进学生有效的地理学习为目的，针对具体的地理教学内容，系统计划地理教学的各个环节，为学生的地理学习创设最优环境而进行教学目标的制定、教学方法的选择、教学媒体的运用、教学效果的评价等，系统规划与安排地理教学活动的过程。

---

①吴波，官敏.现代教育技术教程 [M].上海：复旦大学出版社，2012：142-143
②盛群力.现代教学设计论 [M].西安：陕西师范大学出版社，1998：2-3.
③皮连生.育心理学 [M].上海：上海教育出版社，2004：441-442.

二、地理教学设计的特征

（一）地理性

地理学是研究地理环境以及人类活动与地理环境相互关系的科学，具有综合性和区域性两个显著的特征。因此，地理教学设计要把探寻地理事物的发展变化规律、用可持续发展思想来指导和阐明人地关系作为地理教学设计的灵魂，充分体现"地理性"的特征。

（二）继承性

地理教学设计的继承性，主要表现为对传统优秀教学设计的传承保留，对国外先进教学设计的引用、吸收，对其他学科教学设计的借鉴、渗透。地理教学设计正是在继承的基础上，不断地完善和丰富起来的。

（三）创新性

随着社会的发展和时代的进步，地理教学也在不断变化和进步，这就要求地理教学设计需要不断创新。

（四）实践性

地理教学具有很强的实践性。《课程标准》将区域地理和乡土地理作为地理学习的综合载体，强调了地理学习的实践性。《课程标准》旨在让学生学习对生活有用的地理知识和技能，注重联系实际生活，关注地理问题，培养学生解决实际问题的能力。因此，地理教学设计需要体现出地理的实践性特点。

（五）多样性

地理教学设计受到地理教学活动各个要素的制约和影响。地理教学活动的诸多要素情况复杂，无论是教学目的、教学内容，还是教学方法等都是丰富多样的，因此地理教学设计也是灵活、多样的。

三、地理教学设计的意义

（一）有助于增强地理教学工作的科学性

地理教学设计从地理教学规律出发，将地理教学活动建立在系统方法的科学基础之上，应用系统的观点和分析方法，客观地分析地理教学工作的规律和特点，从地理教学工作的问题和需要入手来确定目标，建立解决问题的步骤，选择相应的策略和方法等。因此，学习和运用教学设计的原理及地理教学设计的技巧，是促使地理教学工作科学化的有效途径。

（二）有利于教学理论与地理教学实践相结合

长期以来，广大一线地理教师虽教学经验丰富，但教学理论薄弱，迫切需要具有指导意义的教学理论指导教学实践。在这种情况下，被称为"桥梁科学"的地理教学设计研究就能起到沟通教学理论与地理教学实践的作用。一方面，运用系统的地理教学设计技术，可以指导地理教学工作的开展；另一方面，也可以把一些先进的地理教学设计经验升华为教学设计理论，使地理教学设计的研究进一步充实和完善。

（三）有利于地理课程改革的顺利推进

21世纪以来，我国基础教育地理课程实施全面改革，确立了新的教育观、课程观、教学观、知识观、学习观、以开发能力和培养健全人格为核心的教育发展观等，地理新课程改革的顺利推进需要多方面的条件和支持。作为新一轮基础教育地理课程改革的重要组成部分，地理教学改革在地理备课、地理上课、地理听课、地理评课等多方面引发了地理教育研究者及广大一线地理教师的重视。地理新课程改革需要地理教学改革的支撑，而地理教学设计则是地理教学改革的关键和核心之一。地理教学设计可以有效地提高地理教师的教学能力和素养，通过地理教学设计，地理教师可以在地理教学理论、地理学习理论、地理教学实践等方面获得相应的知识，成为自己教学的开发者和设计者，从而更好地适应新课程提出的地理教师角色转变的要求，尽快由地理教学的控制者、解释者和传授者向地理教学的促进者、指导者和合作者转变；同时，地理教学设计通过对地理教学目标、教学方法、教学媒体、教学过程等程序的明确要求，对提高地理课堂教学质量起着至关重要的作用，更有益于地理教学改革目标的达成和实现，是地理教学改革顺利实施的重要保证。可以看出，无论从地理新课程改革的理论层面或者实践层面，教学设计均有利于地理新课程改革的顺利推进。

（四）有利于地理教师的专业化发展

与传统地理备课中教师通常依靠自己的教学经验和主观判断不同，地理教学设计具有科学的理论依据和指导思想。传统地理备课中，地理教师对于教学中的一些方式、方法、活动设计等，往往只知道怎样做，但不知道为什么这样做，其经验难以推而广之，只能成为教师个人教学经验和教学艺术的展现，而不利于其他地理教师学习和运用。地理教学设计是地理教师依据相关教学理论和学习理论，针对具体教学内容而系统计划的教学各个环节的过程，与传统地理备课明显不同。地理教学设计具有明确的理论基础和指导思想，在地理教学设计过程中，地理教师不仅需要知道"教什么""如何教"，而且需要知道"为什么这样教"。通过地理教学设计，地理教师将地理教学活动建立在系统的规划基础之上，使教学目标的制定、教学方法的选择，教学媒体的运用、教学过程的安排等都有理有据。地理教师是地理教学设计理论与方法的直接使用者和实践者。科学、规范的地理教学设计训练，有利于促进地理教师的专业化发展。

第二节　国内外教学设计的基本模式

一、国外教学设计的基本模式

依据不同的分类标准，可以将教学设计模式分为不同的类型。这里，主要依据教学设计的理论基础差异，将国外教学设计模式划分为三大类型：建构在教学理论与学习理论基础上的教学模式、建构在系统理论基础上的教学设计模式和建构在传播理论基础上的教学设计模式。下面对其分别进行说明。

（一）建构在教学理论和学习理论基础上的教学设计模式

建构在教学理论和学习理论基础上的教学设计模式是教学设计模式的主流模式。国外较有影响的本类教学设计模式主要有如下几种。

1. 迪克－凯里的教学设计模式[①]

迪克和凯里是美国当代著名的教学设计理论专家。他们于 1978 年出版了《系统化教学设计》（*The Systematic Design cf Instruction*）一书，分别在 1985 年、1992 年、1996 年、2001 年和 2005 年连续几次修订再版，被誉为教学设计界最受欢迎的教科书之一。迪克－凯里教学设计模式以行为主义的联结学习为理论基础，体现传统教学思想，将"教学目的"置于教学设计的最前端，表明整个教学活动都受"教学目的"的控制，这符合教学目标导向原理。这一教学设计模式体现以"教"为中心，强调外界客观知识的刺激作用和教师对教学的控制作用。从整个教学设计过程看，该模式通俗、简明而又不失基本规范。整个设计模式包括八个相互联系的紧密组成部分，各个部分之间用线条加以连接，共同构成了教学设计人员用来进行教学设计、开发、评价和调整的完整的操作步骤或程序，其基本框架如图 3-1 所示。模式的最大特点是接近教师的教学实际，即在课程规定的教学内容、教学目标条件下，研究如何传递教学信息，强

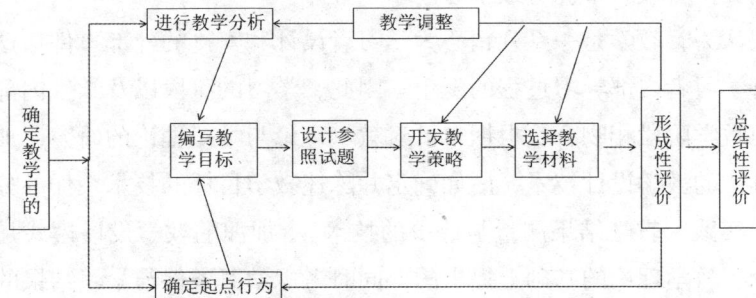

图 3-1　迪克—凯里的教学设计模式

---

①盛群力. 教学设计 [M]. 北京：高等教育出版社，2005：16-20.

调通过教师的一系列教学活动将知识传递给学生，突出"教"的地位，而较为忽视学生的参与情况，如教学设计从教学目的到总结性评价均没有出现学生参与的情况。

2. 加涅的教学设计模式①

加涅注重把学习理论研究的结果运用于教学设计，其著作《学习的条件》（The Conditions of Learning）被认为是关于学与教的最重要的著作之一，《教学设计的原理》（Principles of Instructional Design）被认为是最有影响的教学设计著作之一。加涅对于学习理论的研究，一方面承认行为的基本单位是刺激与反应的联结，另一方面又注重刺激与反应之间的中介——心智活动的研究。他在对学习理论的探讨中，试图阐明学生的认知结构，并着重用信息加工模式解释学习活动，认为信息加工学习理论代表了人类学习方面的重要进步。②加涅学习理论的最大优点在于注重应用，即把学习理论研究的结果运用于教学实践，他提出了八个由简至繁的学习层次，即信号学习、刺激—反应学习、动作连锁、言语联想、辨别学习、概念学习、规则学习、问题解决或高级规则学习，并对每种学习的内部条件和外部条件——做了分析，教师可据此安排教学内容和选择教学方法，以保证教学活动的顺利进行。加涅教学理论的最大特点表现在他对学习阶段和教学阶段的阐述上，他采用信息加工模式揭示出学习的各个内部加工阶段，并把教学过程中的各项工作与其一一对应，其核心是为教师和学生分别提供有效教学和有效学习的基本程序。③

加涅认为，教学是一系列精心为学习者设计和安排的外部事件，这些事件用于支持学习者内部学习过程的发生。因此，学习的阶段以及学生内部活动过程应该与教学阶段相吻合。根据自己对教学理论与学习理论的研究，加涅提出了许多具体的教学设计技术，诸如确定并陈述教学目标的技术、任务分析的技术、教学实践、教学结果测量与评价的技术。④加涅的教学设计模式是在他的学习理论、教学理论的基础上提出的，同时考虑学习条件与学习结果的教学设

①盛群力. 教学设计 [M]. 北京：高等教育出版社，2005：16-20.
②施良方. 学习论 [M]. 北京：人民教育出版社，2001：301-326.
③施良方，崔允漷. 教学理论：课堂教学的原理、策略与研究 [M]. 上海：华东师范大学出版社，199：18-19.
④付晨. 解读加涅的教学设计原理 [J]. 辽宁行政学院学报，2008（3）：23-26.

计的基本原理与技术。①具体来说，就是根据不同的学习结果类型创设不同的学习内部条件并相应安排学习的外部条件，从而促进学习的有效发生。在信息加工学习理论的基础上，依照其基本思想，加涅的教学设计模式在基本程序上包括以下九个步骤，依次为：①引起注意；②告知学习者学习目标；③回顾所需的先决技能；④呈现刺激材料；⑤提供学习指导；⑥引发学习行为；⑦提供行为正确与否的反馈；⑧评估学习行为；⑨增强保持与迁移（图 3-2）。这九大步骤可用于各种类型的学习过程中，为学习者的有效学习提供基本的程序，并可根据不同的教学目标进行适当的调整。同时，加涅指出具体的教学设计主要集中在④、⑤、⑥三大事件上。为了求得教学的整体效果，本模式强调设计者需要根据具体的教学情况，灵活运用教学技巧，恰当安排教学活动，以达到对每一个教学事件的优化。

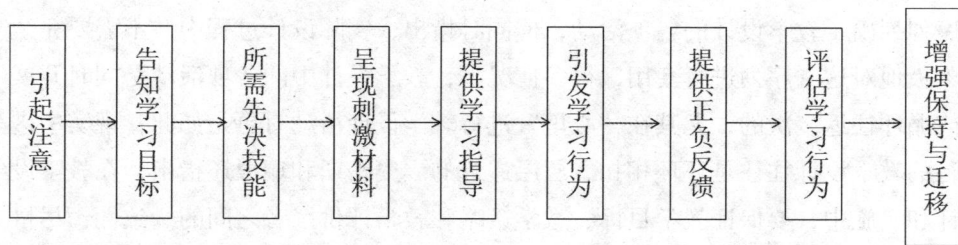

图 3-2　加涅的教学设计模式

3. 史密斯－瑞根的教学设计模式

在迪克－凯里教学设计模式的基础上，汲取加涅教学设计模式"学习者特征分析"的优点，并进一步考虑认知学习理论对教学内容组织的重要影响，史密斯和瑞根提出了一种教学设计模式。该模式较为充分地体现了"联结—认知"学习理论的基本思想。史密斯和瑞根认为，教学设计需要回答三方面的基本问题：①我们要到哪里去，即教学目标是什么？②我们怎样到达那里去，即需要有什么样的教学策略与媒体？③我们如何知道是否达成了目标，即如何检

①周效章. 加涅的教学设计理论评述 [J]. 周口师范学院学报，2008（4）：35-38.

测，如何评估和调整教学？也就是说，教学设计必须明确三个基本问题：①进行教学分析以确定具体的教学目标；②开发教学策略与选择教学媒体以确定实现教学目标的具体措施；③开发与实施评价以确定是否达成了教学目标。据此，史密斯和瑞根将教学设计划分为三个阶段：分析阶段、策略阶段和评价阶段。分析阶段主要进行学习环境、学习者、学习任务的分析，并制定初步的教学目标，编写初步的测验项目。策略阶段主要进行组织策略、传递策略与管理策略的制定，设计相应的教学过程：组织策略考虑如何将所选用的内容加以合理地安排，传递策略考虑如何将内容有效地传递给学生，管理策略考虑的是如何运用组织策略和传递策略来实现特定教学目标。评价阶段主要对教学目标的达成与教学过程实施进行形成性评价，并对预期的教学过程予以修正。

　　史密斯 – 瑞根教学设计模式突出情境分析，其特色和新颖之处是按照组织、传递、管理三方面策略进行具体教学设计。需要明确的是，该模式虽然用线性序列列出了教学设计的各项活动，但同时指出，实际设计过程中并不需要完全刻板地对这一序列进行套用，很多情况下，教学设计中的各项活动是同时开展或循环往返多次的，尤其在"心里"进行教学设计活动时更是如此，现实中进行的教学设计往往是环环相扣、层层递进的。史密斯和瑞根还指出，在教学设计和实施中，要保证教学目标、教学策略和教学评价三者之间的一致性，尽量使三者之间"匹配一致"，即教学策略（方法）、学习任务（目标）与学习结果的检测互相吻合和配套，如图 3-3 所示。

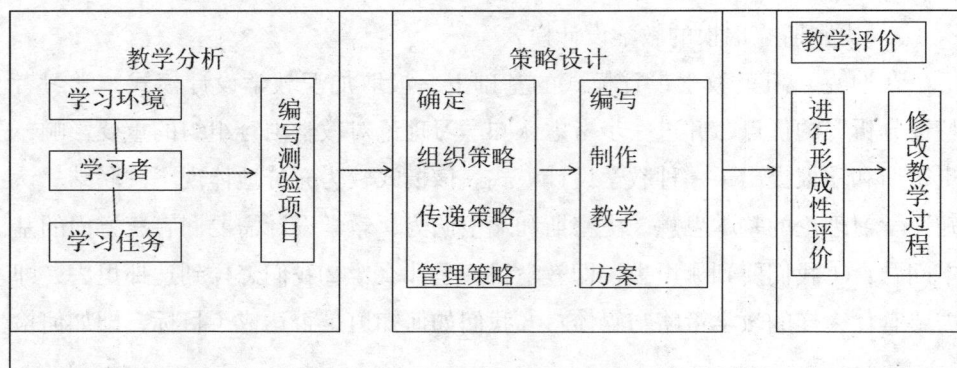

图 3-3　史密斯—瑞根的教学设计模式

（二）建构在系统理论基础上的教学设计模式①

建构在系统理论基础上的教学设计模式中，影响较大的主要有巴纳赛的教学设计模式与布里格斯的教学设计模式。

1. 巴纳赛的教学设计模式

巴纳赛根据系统理论和社会发展的基本思想，构建了教学设计的系统模式。巴纳赛认为，教学设计的目的是探索人们所期望的一种教学状态的过程，根据这一观点，他设计了一个空间螺旋模型以呈现这个探索过程。其空间螺旋模型在构成上分为"两阶段四环节"。"两阶段"即形成阶段和创造阶段；"四环节"即形成阶段中的中心定义环节和特性环节，创造阶段中的作业模式环节和可行系统环节。整个空间螺旋模型在设计过程中体现反馈与控制的特性，如图3-4所示。

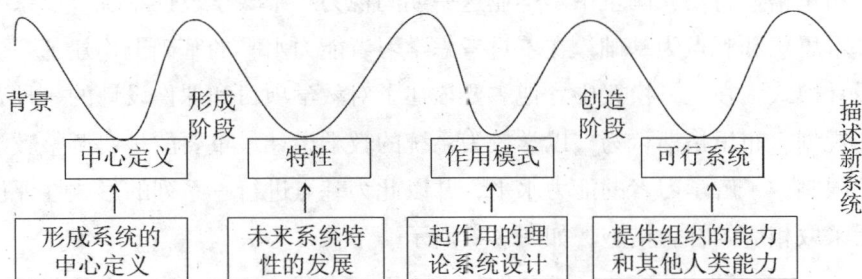

图 3-4　巴纳赛的教学设计过程螺旋模型

同时，巴纳赛又将教学设计过程在空间上进行展开，并划分出五个不同的领域：①创设空间领域，主要任务是探索社会的特点及其意义，创设未来系统的图景，准备设计，等等。本领域主要侧重背景的创设，是教学设计的预备阶段。②知识空间领域，主要任务是对知识系统进行探索，包括社会的特征及其意义，中心价值和图景，如何进行设计和描述社会系统，等等。③形成设计和

---

①徐英俊. 教学设计 [M]. 北京：教育科学出版社，2001：46-49.

解决问题空间领域，主要任务是形成设计的中心定义和系统的特点，设计系统的作用和设计可行的系统。④探索空间领域，主要任务是评价和选择。⑤描述未来模式空间领域，主要任务是描述未来系统的环境，设计未来系统的新模式。上述五个领域在空间上相互关联，形成一个教学设计系统，如图3-5所示。

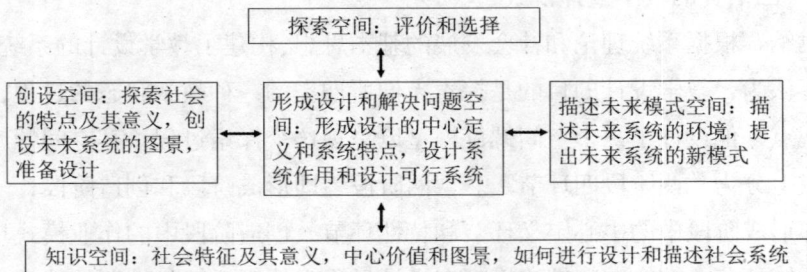

图 3-5　巴纳赛系统教学模式的五个领域

2. 布里格斯的教学设计模式

布里格斯将幼儿园至中学毕业这一期间视为一个教学设计系统，以系统论的基本思想和观点为基础，在着重考虑学习者能力水平的基础上构建了一个教学设计模式，在这一模式中，他主要描述了对教学项目和课件设计的一种有组织的规划。布里格斯认为，以学校为系统的教学设计最重要的是要调整教学的相关限制，了解学习者的能力水平，并以此为基点进行一系列的形成性评价，然后采取相应的补救措施，如图3-6所示。

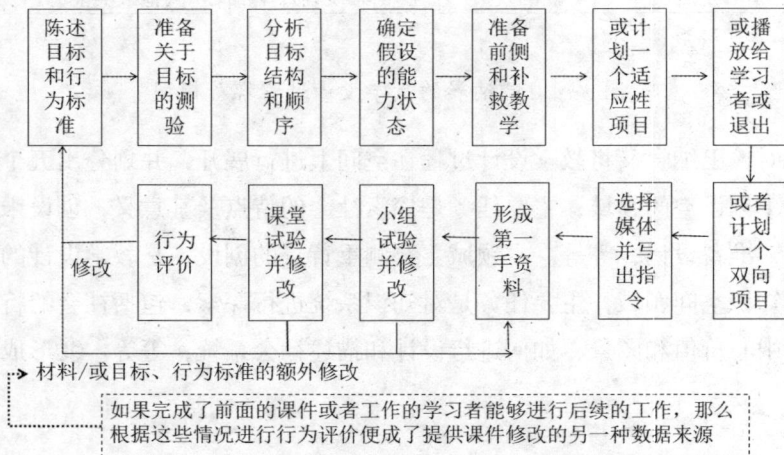

图 3-6　布里格斯以学校为系统的教学设计模式

（三）建构在传播理论基础上的教学设计模式

以传播理论为基础构建的教学设计模式，体现传播理论的基本思想和方法，重视信号传播对学习与教学的影响，通常以马什的一般传播模式为代表。

马什的一般传播模式主要分为四个阶段、19个步骤，外加一个产品导向。

第一阶段为基本设计阶段。此阶段为其他三个阶段提供信息输入，主要包括四个步骤，即选择策略、写出学习者概况、强调中心观点以及建立行为目标。

第二阶段为补充阶段。本阶段是对第一阶段内容的补充，主要包括四个步骤，即扩充中心观点（具体衍化为较为具体的几步）、形成总体内容框架、选择具体教学呈现方式以及选择信息的组织方式。

第三阶段为控制信号的复杂性阶段。本阶段通过对传播背景等的选择，主要考虑信息的复杂性对学习者的作用是否恰如其分，主要包括传播渠道与信息密度方面的选择，其中传播渠道的选择又分为视、听、多媒体等三种类型，信息密度的选择又分为信息变化速度、信息冗余度与信息结构的复杂性等三方面。

第四阶段为考虑学习者期望的反应类型阶段。本阶段主要对学习者所期望的反应类型进行评价、设计决断。

此外，马什认为，教学设计过程中使用音乐、彩色以及视觉组合，可以获得不同的教学设计效果，但这些因素并不会增加信号的复杂性。

二、我国教学设计的基本模式

我国教学设计专家也提出过相应的教学设计模式，现简要介绍如下。

（一）邵瑞珍的教学设计模式

邵瑞珍从信息论、控制论和系统论的角度将完整的教学过程分解为至少六个步骤[①]：①明确教学目标，即详细规定每节课、每个教学单元甚至一门学科

---

①王映学，章晓璇. 知识分类与教学设计 [M]. 兰州：甘肃教育出版社，2008：49-50.

的教学目的。②任务分析，即根据既定的学习目标，分析达到目标所需的从属概念和规则，并确定他们之间的从属关系。③确定学生原有水平，即学生已有知识、态度、水平是新教学的基点，通过学生现有发展水平作为教学目标达成的起点。④课的设计，即选择适当的内容与方法，教授知识与技能。⑤教学，即将上述设计付诸实施。教学既包括教师的教也包括学生的学，一般模式是呈现教材→学生反应→强化与矫正性反馈。⑥评价，即对照教学目标，确定教学效果。如果达到了教学目标，一个完整的教学过程便告结束；反之，就应找出原因，采取修改或补救措施。本模式教师中心色彩较浓，但也显示出一定的由教师中心向学生中心的过渡性特色，如图 3-7 所示。

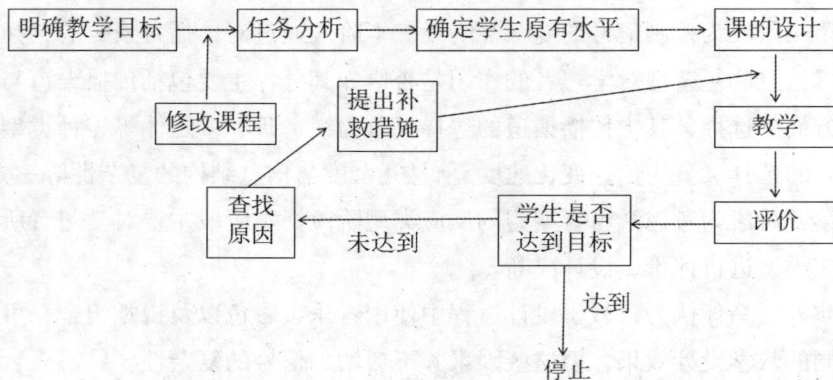

图 3-7　邵瑞珍的教学设计模式

（二）皮连生的教学设计模式

皮连生认为教学设计主要包括四个环节：目标设置与陈述、教学任务分析、教学策略选择与开发、开发测验与评价工具。[①]

目标设置与陈述。教师在教学之前必须明确教学目标，教学目标设置适当与否是决定教学是否有效的前提条件。指导教学目标设置的理论主要有布鲁姆的教学目标分类学和加涅的学习结果分类学。

---

①皮连生. 教育心理学 [M]. 上海：上海教育出版社，2004：445-467.

教学任务分析。主要包括以下几个方面：①对教材与学生分析，确定单元或单课的具体教学目标；②对教学目标中的学习结果进行分析；③对不同类型学习条件的分析，揭示实现教学目标所需的先行条件；④确定与教学目标有关的学生起点状态。在教学设计中，设置教学目标和分析教学任务这两件事是难以分开的，因此，教学任务分析有时也称教学目标分析。

教学策略选择与开发。教学策略不是指具体的教学方法，而是指适合达到一定教学目标的一整套教学步骤、方法和媒体等。在知识分类学习理论的基础上，结合知识学习与教学阶段模型，可以按照知识类型设计课型与选择教学策略，也可以按照学习阶段设计课型与选择教学策略。

开发测验与评价工具。预定教学目标达到与否，这是教学设计需要回答的最后一个问题。在目标导向教学设计中，测量是针对教学目标的测量，即目标参照测量；评价也是参照目标的评价。教学设计者可以选择布鲁姆的教学目标分类理论，也可以选择加涅的学习结果分类理论开发测量工具，即编写测验题和试卷。

（三）盛群力的教学设计模式

盛群力基于目标为本的系统设计观，提出了一个教学设计模式：[①]该模式从确定目标开始，然后逐渐导向目标，最终评估目标，体现了以状态变化为本的系统教学设计观，即从学生的现有水平和状态出发，逐渐转换为一系列过渡状态，最终达到终点（目标）状态。更为重要的是，这一模式将教学设计理念、操作程序和教师的基本工作（备课、上课、评课、说课）等联系起来，从而使得系统设计教学成为教师手中用以改进教学的重要工具。这一基本模式有三个过程（图3-8）：备课、上课、评课。备课是教师对自己的教学活动进行预先计划和准备的过程；上课是教师灵活的执行计划，实际展开教学活动的过程；评课是教师本人或其他评课人员对学生学习目标的达成度及教学活动做出价值判断和改进决策的过程。三个过程之间的互动反映着教学效果的优劣。而说课这一具有"原教学"色彩的工作若离开了精心备课、上课和评价，便是无源之

---

①盛群力. 教学设计 [M]. 北京：高等教育出版社，2005：24-26.

水、无本之木。说课是教师对备课、上课乃至评课等方面进行口头或书面呈现、阐释及自我监控的过程。从这一意义上，说课的自觉意识和娴熟运用体现了教师本身对教学活动的执行监控及自我调节水平，也是教师教学理论和素养的综合表现。

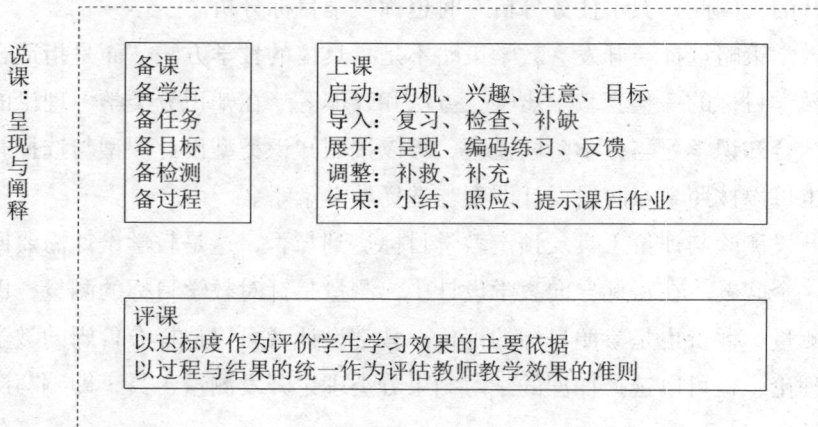

说课：呈现与阐释

备课	上课
备学生	启动：动机、兴趣、注意、目标
备任务	导入：复习、检查、补缺
备目标	展开：呈现、编码练习、反馈
备检测	调整：补救、补充
备过程	结束：小结、照应、提示课后作业

评课
以达标度作为评价学生学习效果的主要依据
以过程与结果的统一作为评估教师教学效果的准则

图 3-8　盛群力的教学设计模式

三、不同教学设计模式对地理教学设计的影响

教学设计已经成为当前课堂教学有效性的重要保障之一，其独特的魅力与内涵需要先进的教育理念与设计技术作支撑。上述不同类型的教学设计模式，基本上都是在实验与经验总结的基础上经抽象概括而来，具有一定的普适性，对我国地理教学设计的发展能够产生较强的指导作用与借鉴价值。具体体现在如下两大方面：

首先，为我国地理教学设计提供理论与框架，有利于地理教师采用不同的设计类型进行不同模式的教学设计，保证地理教学的有效进行。

其次，为我国地理教学设计提供目标与参照，有利于地理教师进行教学设计创新，拓展地理教学的国际视野。

就当前实际而言，还没有比较公认的具有地理学科特性的教学设计模式研究成果。黄莉敏在对国内外教学设计典型模式进行研究的基础上，参照有关模式特点，结合我国实际，提出了以地理课程标准为依据，以学习理论与教学理论、传播理论、系统理论等为内核，体现"以教师为主导，以学生为主体"教学理念的地理教学设计模式。其基本构成包括三大模块：地理教学问题分析、地理问题解决策略设计以及目标达成评价设计。该模式紧紧围绕课程标准、教材、学生、教学目标、教学方法等教学因子，着手于发现和解决课堂教学过程中出现的问题，经过对分析、设计、评价和修改等基本阶段进行设计和反馈修正，最后达到改进教学的目的。基本步骤如下。[①]

第一，地理教学问题分析。主要包括：①学习需要分析，即对学习者当前水平与期望水平之间差距的分析；②课程标准分析，地理课程标准是地理教学设计的依据，是教学内容分析的起点和导向；③教学内容分析，包括教材、教参内容的分析和开发等；④学习者特征分析，即对学习者认知结构、技能、态度、学习风格、生活经验、文化背景等的分析；⑤教学目标设计，教学目标是教学活动的逻辑起点和归宿，设计依据为教学目的、课程标准、教学内容、学习需求和学习者分析；⑥任务分析，即分析从学生的原有水平到达教学目标之间所需要的从属的知识和技能，并确定它们之间的层次关系。

第二，地理问题解决策略设计。在目标设计好之后就要考虑选择或创设什么样的教学模式，根据教学内容的知识属性选择策略和媒体，一切准备就绪后即可设计具体的教学过程。

第三，目标达成评价设计。坚持即时评价设计原则，一方面是对过程目标进行反馈设计，另一方面对终点目标进行反馈设计，同时要设计备用方案。目标达成则进入下一阶段教学，未达成则对第一阶段进行再分析或对第二阶段采用备用方案，直到达标进入下一阶段教学。

---

①黄莉敏. 地理新课程教学设计的理论研究与实践 [D]. 武汉：华中师范大学，2007：22-27.

第三节　地理教学设计的构成要素

一、学生及其学习需要的分析

在教学活动中，教学目标是否实现、教学效果怎样，都要在学生的学习活动中体现出来，而作为学习活动主体的学生在学习过程中又都有自己的特点。因此，要取得教学活动的成功，必须重视对学生及其学习需要的分析。

分析学生及其学习需要包括分析学生的兴趣、经验和学习风格，分析学生认知与发展特征、学生学习起点水平和学习动机等。一般来说，学生及其学习需要的分析主要有以下几个方面。

（一）对预备技能的分析

对预备技能的分析即了解学生是否具备了进行新的地理学习所必须掌握的知识与技能，即先决能力的预估，这是从事新课学习的基础。

（二）对目标技能的分析

对目标技能的分析即了解学生是否已经掌握或部分掌握了教学目标中要求学会的地理知识与技能，即目标能力的预估。如已经掌握了部分目标中的地理技能，说明这部分教学内容可以不讲或略讲，这有助于教师在确定内容方面做到详略得当。例如，初中地理"世界气候类型"一节，教学目标要求"运用气温和降水的统计数据或气温曲线图和降水量柱状图，描述某地区的气候特点"，而对世界气温和降水的分布以及气温曲线图和降水量柱状图的阅读技能在前一节课已经学习。教师可以通过课堂小测试了解学生已掌握的程度，教学设计时据此确定教学的重点。

（三）对学生学习态度的分析

分析学生的学习态度，对选择教学内容、确定教学方法等都有重要影响。

例如，初中地理新教材中出现了一些地理诗歌、地理小制作、地理游戏等内容。在教学中发现学生对这些内容兴趣很高，这些内容对他们的地理学习产生了促进作用。因此，许多地理教师在地理教学设计中注重地理教学活动的设计，以提高学生对地理学习的兴趣，获得良好的教学效果。

（四）对学生认知及发展特征的分析

在初中学生认知发展变化中，最主要的变化是从具体认知到抽象认知的过渡，这决定着教学内容的选择和教学方法的采用。例如，初中地理经线和纬线、地球的自转、地球的公转等教学内容对预备年级的学生来说就比较抽象。这一年龄段的学生认知发展还处于具体认知阶段。因此，教师在教学设计时就要利用各种模型或运用多媒体演示，化抽象为具体进行教学。

（五）对学生生活经验的分析

学生对即将学习的地理新知识是否具有生活体验，对即将开始的地理学习具有相当大的影响。教学前，教师需要了解学生对即将学习的新内容已具备何种生活体验，且哪些是正确的，哪些是误解的，哪些是模糊的，这有助于教师在教学设计时做到突出重点、化解难点。例如，有关初中教材"现代化的农业"的教学，有的教师设计让学生举例。但对生活在市区的初中学生来说，他们与农业的接触很少，生活经验中缺乏农业的相关知识。因此，这一教学设计难以实施，即使实施教学效果也不理想。如果了解学生的生活经验，向学生讲述一些现代化农业的特点，这样的教学设计就能化解教学的难点。

二、教学内容的分析

对学生及其学习需要的分析为教学设计奠定了基础，接下来就要对地理教学内容进行分析，主要包括教材内容分析、教学内容的编排与组织、教学内容的价值分析等。采用科学的方法分析教学内容是教案设计的一个重要环节。只有正确地分析教学内容，才能获得最优化的教案设计效果。

（一）教材内容分析

地理教材是依据《地理课程标准》编写的，也是教师"教"和学生"学"的直接依据。在进行教案设计时，教师必须认真分析和研究地理教材，深刻理解和掌握教材的内容和要求，如教材内容的地位和作用、知识类型、编排特点、呈现方式、重点是什么、难点是什么、疑点有哪些、教材内容的深度与广度等。

例如，地理七年级第二学期（试用本）教材中第二章第一节"持续增长的工业"教材内容分析：这一节由"工业与生活""工业发展成就辉煌""现代化工业园区"三部分组成，是我国工业的开篇，学好本节对后续理解和把握我国工业的发展和布局有很重要的作用，同时也是今后地理分区等内容学习的基础。这一节教材在编排和呈现上以图表为主。因此，利用各种图表理解工业与人们生活的密切关系和我国工业发展的成就就是教学的重点。本节教学的难点是现代化工业园区的概念及意义。

（二）教学内容的编排与组织

教学内容的编排与组织就是要分析学习内容的内在联系，组织编排学习内容，使它具有一定的系统性或整体性。分析教学内容的基本方法有归类分析法、图解分析法、层级分析法、信息加工分析法等。

例如，日本是世界分国篇中学生第一个接触的国家，对它的介绍相对较完整，着重突出了这个国家是一个岛国这一地理特征，并围绕岛国这一特征阐述其受海洋影响的气候、人口稠密、用地紧张、资源和产品对国外市场的依赖度高、工业高度集中以及海运发达等特点。

（三）教学内容的价值分析

所谓知识的价值，简单地说就是指知识对个体发展的有用性。任何知识都具有多重价值。对地理知识而言，除了其所具有的有助于学生解决实际问题的应用价值外，它还隐含有利于学生对科学方法的掌握和科学能力发展的智力价值以及有利于学生情感态度及价值观念形成的价值。传统的教学设计往往重视地理知识的目的价值，而忽视地理知识的方法价值和情意价值。对地理教材知识价值的分析和挖掘反映了教师把地理知识作为目的还是手段的价值取向。对教学内容的价值分析，可通过对教学目标的表述体现出来。

例如，"新疆维吾尔自治区"一课的知识价值分析如下。

目的价值分析：知道新疆维吾尔自治区的位置和丰富的资源；知道"三山夹两盆"是新疆维吾尔自治区的地形特征，该地气候干旱，沙漠面积广大。

方法价值分析：学习利用课本、地图册及教师提供的图文资料，分析提炼相关地理信息；学习比较、分析、归纳、推理等地理思维方法。

情意价值分析：认识到"坎儿井"是人类认识自然、利用自然、人与自然和谐相处的成果，从而树立正确的人生观。

三、教学目标的确定与阐述

（一）地理教学目标的含义

地理课堂教学目标是指教学预期所要达到的最终结果，是对完成课堂教学后，学生应达到的行为状态的具体描述。它表达了学生通过学习后的一种学习结果，是课堂教学活动的出发点和归宿点，具有导向功能、控制功能和评估功能。

教学目标起着指示方向、引导执行的作用，教师的"教"与学生的"学"要完成什么任务、要达到什么效果，都要受教学目标的指导和制约；教学目标一经确定，就会对教学活动产生控制作用；教学目标作为根据学生和教材的实际而预先规定的教学结果，是检查、评价教学成效的尺度和标准。

（二）分析地理教学目标的意义

1. 分析地理教学目标，有利于教师把握地理教学方向

地理教学目标具有导向作用，它对教学中需达到的要求做出了明确的规定。教师在分析学生和地理教学内容的基础上，认真分析、明确地理教学目标，就能充分发挥这一导向作用，促使每堂地理课都能按照目标所规定的要求开展，克服地理教学中的重知识和技能、轻能力和体验的现象，进而使地理教学在培养学生知识与能力、过程与方法与情感态度与价值观等各个方面获得成果。

2. 分析地理教学目标，有利于地理教师更好地选择达到目标的方法和手段

教学方法和手段是为教学目的服务的。地理教师分析和明确了地理教学目

标以后，便能更好地考虑各种方法和手段的适用性以及可能的效益，从而有的放矢地选择有利于教学目标实现的方法和手段。

3. 分析地理教学目标，有利于增进师生间的交流

如果学生在教学开始时就知道教师期望他们完成什么任务，那么他们可以自觉地组织学习、配合教学。否则他们会被动地被教师"牵着走"，盲目地学习，不知道这堂课应掌握哪些知识，掌握到什么程度。知识教学是如此，能力、情感教学更是如此。所以，教师课前分析、确定教学目标，学生在课上明确学习目标，能促进师生间相互交流、相互理解，达到教与学心理上的默契、活动中的协调。

4. 分析地理教学目标，有利于地理教学的评价

教学目标是衡量教学质量的标准。地理课堂教学的过程和结果是否达到了预期的要求，需要用教学目标去检验。教师充分认识课堂教学目标，就能在教学过程中准确、科学地评价其教学成果，否则评价没有依据就会给教学带来混乱。

（三）地理教学目标的分析与确定

关于教学目标的分类，国内外学者做了大量的研究，有各种不同的分类方法。当前我国基础教育《地理课程标准》中将课堂教学目标分为知识与技能、过程与方法、情感态度与价值观三个领域。

1. 地理学科"知识与技能"领域的教学目标

地理学科"知识与技能"领域的教学目标是以学习知识和开发智力为主要任务的认知领域。其中，"知识"是指地理表象、地理概念、原理、规律等，"技能"主要指地理图表阅读与绘制技能、地理观察与调查技能、地理统计与计算技能、地理信息技术运用技能等。地理教学目标的"知识与技能"目标描述学生学习后在知识与技能方面应达到的水准。

2. 地理学科"过程与方法"领域的教学目标

"过程与方法"目标中的"过程"是指地理课堂教学时学生的学习过程、思维过程、探究过程以及解决问题的过程；"方法"是指课堂教学时学生的学习方法、思维方法、探究方法以及解决方法。"过程与方法"目标是指了解科学探究的过程和方法，学会发现问题、思考问题、解决问题的方法，学会学习，培养创新精神和实践能力。"过程与方法"目标特别强调在教学中把重点放在

揭示地理知识获取的过程上，让学生通过"感知—概括—应用"的思维过程去发现真理，掌握规律。该目标对学生探索、体验学习的过程，对学生获取知识与技能的过程给予高度重视和肯定。

3. 地理学科"情感态度与价值观"领域的教学目标

"情感态度与价值观"一般包括对自己、对他人、对国家、对世界、对自然及其相互关系的情感、态度、价值判断以及科学态度、科学精神等。"情感态度与价值观"目标描述学生学习后在情感与态度方面应达到的标准。

例如，"北方旱地农业区与南方水田农业区"一课的教学目标设计如下：

知识与技能目标：通过读图，能够说出我国北方旱地农业区与南方水田农业区大致界线，说出北方旱地农业区与南方水田农业区在耕地类型、耕作制度、粮食作物和经济作物方面的不同。

过程与方法目标：通过角色扮演，感受生活在北方旱地农业区和南方水田农业区居民不同的生活习惯；体会区域地理学习的方法——比较法和归纳法。

情感态度与价值观目标：感受我国南、北方人民因地制宜发展农业的人地和谐之美；在角色扮演活动中学会与他人合作与交流。

四、教学方法的选择

任何一种教学方法，其最核心的作用，就是实现教学目标和完成教学任务。选择和运用教学方法的实质就是把教师的教、学生的学和教材的内容有效地连接起来，使教学的基本要素能够在教学活动中充分地发挥它们各自的功能与作用，从而实现预期的教学目标、达成预期的教学效果。因此，教学方法与教学目标、教材内容、学生特征、教师素质、教学环境之间存在着内在的有机联系，这就是教师在教案设计过程中选择和优化组合教学方法的基本依据。

地理教学方法是指在地理教学过程中，教师和学生为实现地理教学目标，根据特定的地理教学内容而采取的教与学相互作用的一系列活动方式、步骤、手段和技术的总和。地理教学方法种类很多，从某种意义上来说，地理课堂教学的成败在很大程度上取决于教师能否妥善地选择教学方法。在地理课堂教学中选择科学的、恰当的地理教学方法，必须依据以下几个主要因素。

（一）依据教学目标选择地理教学方法

地理教学目标不仅是确定教学内容、考虑教材配置的主要依据，还是选择地理教学方法的重要依据。不同领域或不同层次的教学目标的有效达成，要借助相应的地理教学方法和技术。如果这堂课所设计的教学目标侧重于知识的接受，则可以采用以语言传递信息为主的方法；如果这堂课所设计的教学目标侧重地理技能和方法的掌握，则应采取实践活动和探究、合作为主的地理教学方法。

（二）依据教学内容特点选择教学方法

地理教学内容是地理教学方法选择的主要依据之一。对不同的教学内容，应有区别地选择教学方法。例如，对概念、规律、原理较多较深的内容，应选择讲解、启发式谈话、读图法、演示和实验法等教学方法，有利于学生理解地理概念的内涵和外延，弄清规律、原理的联系；对学生生活中的一些地理现象和问题，可以选择观测、调查等教学方法，鼓励学生在实践中学习探究。

（三）根据学生的年龄心理特征以及实际情况选择教学方法

学生的年龄心理特征对地理教学方法的选择无疑是相当重要的。从初中学生的年龄特征来看，他们的抽象思维日益发展，但具体形象思维仍然占主要地位。因此，针对这一阶段课堂教学选用教学方法时，直观的观察、演示、实验、模拟等教学方法应占相当大的比重。同时，选择教学方法还必须顾及学生的实际情况，如有的学生基础较好、学习能力较强，教师就可以选择以学生自主探究学习为主的方法，以满足学生的学习需求。

（四）依据教师的自身素质选择教学方法

教师素质在教学活动中主要表现在其话语表达能力、思维品质、教学技能、个性与特长、教学艺术与风格特征、教学组织与调控能力等方面。任何一种教学方法，只有适应了教师的素养条件，并能为教师充分理解和把握，才能在实际教学活动中有效地发挥其功能和作用。因此，教师在选择教学方法时，考虑上述因素的同时还应当根据自己的实际优势，扬长避短，选择与自己最相适应的教学方法。

五、教学评价的设计

在一定的地理教学环境条件下，地理教师和学生以地理课程和地理教学方法为中介，以地理教学管理为保障进行地理教学活动，最终是否达到了预期的教学目标，这一切都要由地理教学评价来判定。一般认为，地理教学评价是通过一定的方法和手段，系统地搜集、分析、整理信息资料，根据一定的教育价值观或地理课堂目标，对地理教学的要素、过程和结果进行价值判断，从而为不断完善自我和教学决策提供依据的过程。地理评价的功能大体上可分为诊断功能、导向功能、调控功能、激励功能和管理功能等。根据地理评价的功能，我们又可将地理教学评价分为诊断性评价、形成性评价和总结性评价。

（一）诊断性评价

诊断性评价是在新课或某一单元学习开始之前，对学生的学习准备状况及影响学习的因素实施的评价，其目的在于使教案设计更具有针对性。例如，在教"我国的气候类型和气候特征"这一内容之前，教师可以先检测学生前期所学"世界的气候类型分布和亚洲气候类型及气候特征"的掌握和理解程度，根据学生掌握和理解的实际情况设计教学。若学生前期掌握较好，则教师可以通过读图比较，让学生自主观察得出结论；若学生前期掌握较差，则教师就要考虑对有些知识再做讲解或给予学生更多的指导。

（二）形成性评价

形成性评价是在地理教案设计实施时进行的评价，其目的在于及时获取反馈信息，发现存在的问题与缺陷，并以此为依据修改、完善教案设计或帮助学生改进学习。形成性评价的作用主要在于：第一，为教师提供教学反馈信息。通过形成性评价，教师可以发现在地理教学目标确定、教学方法和手段使用等各个方面的不足，从而有针对性地提高教学技能，或向学生提供有效的帮助，从中积累经验改进下一轮教学。第二，强化学生的学习。对基本掌握本节课学习任务的学生来说，形成性评价给他们带来了成功的喜悦，增强了他们学习的信心，从而强化了学习结果，提高了学习动力。第三，帮助学生改进地理学习。

对那些没有掌握本节课学习任务的学生来说，形成性评价有助于他们及时发现自己在地理学习中遇到的问题，自觉地改正错误或寻求必要的帮助。

（三）总结性评价

总结性评价是指为了对已制订好的地理教学计划实施后的整体效益做全面鉴定所进行的评价。总结性评价的特点是具有广泛迁移效果。

第四章

初中地理教学方法研究

第一节　初中地理教学方法基础概述

地理教学方法是指在地理教学过程中，教师和学生为实现地理教学目的，根据特定的地理教学内容而采取的教与学相互作用的一系列活动方式、步骤、手段和技术的总和。

一、地理教学方法的作用

（一）有利于学生掌握地理知识和技能

正确的教学方法能顺利引导学生学习地理知识，使学生在积累地理表象的基础上，掌握地理概念和理解地理基本规律。例如，充分运用直观的教学方法，并采用实践的方法使学生直接感知地理事物，有利于学生积累丰富的地理表象；恰当采用比较、分析、综合的方法，有利于学生理解地理要素的相互联系，掌握各种自然、人文地理的规律；合理运用归纳法或演绎法，可以使学生比较顺利地掌握地理概念；善于利用教学挂图，并与学生对照阅读地图册结合起来，对于记忆地理名词则比较有利。

教学方法也和学生掌握地理技能紧密相关。练习是学生掌握地理技能的主要途径，如阅读和运用地图技能的掌握。在教师讲清有关要点以后，主要的方法就是练习和运用，这样学生可以逐步由看懂地图，到学会分析和运用地图。一味依靠讲授的方法，学生是不可能真正掌握读图、用图技能的。

（二）有利于促进学生智力、能力发展

实践证明，有效的教学方法有利于学生智力的发展，促进学生能力的提高，而不恰当的教学方法不但达不到发展学生智力的目的，甚至会阻碍学生智力、能力的发展。例如，先进的教学方法不仅是教师讲、学生听，而且要求学生更多地动脑、动手、动口，充分地思考、想象、体验和实践，这对于开发学生的

智力和发展学生的能力是极有益处的。

地理教学经常采用大量的直观教具以及野外实习的教学方法来培养学生的观察能力；采用语言、影像和图片相结合的教学方法来丰富学生的想象能力；采用课文和地图配合运用的方法来训练学生的记忆能力；采用比较法和综合分析法来发展学生的思维能力；采用多种题型的练习和野外实践的方法来培养学生解决问题的能力等。而且采用恰当的方法进行教学，对学生智力、能力发展的促进，往往不是单一的，而是多方面的。

（三）有利于对学生非智力因素的培养

合适的教学方法对于进行思想教育和道德教育也是很关键的。贴切、自然、巧妙、潜移默化的教学方法，对于使学生树立正确的资源观、人口观、环境观及可持续发展观，培养爱国主义情感，树立全球观念，都是十分重要的。

恰当的教学方法能激发学生学习地理的兴趣，而兴趣唤起的学习动机是内在的、积极的、长期的和稳定的。它对于掌握知识、技能及发展智力，能起到积极的促进作用。

有效的教学方法，也促进了教师活动与学生活动的有效结合。它能促进师生相互了解、相互信任，增进教师与学生的关系。

二、地理教学方法的组合

学科所有的教学方法，都是为实现教学目标服务的。选择合适的地理教学方法，关键要使教师、学生和地理教材有效地联结，使这些基本要素都能高效地发挥功能作用，从而提高课堂教学效果，达成地理课堂教学目标。

研究地理教学方法的过程中，我们要首先认识到"教学有法，而无定法"这一重要特点。要正确处理好"有法"与"无定法"这一对矛盾关系，掌握好地理教学方法的科学性与艺术性的双重特点。"教学有法"就是在教学过程中运用和掌握一定的教学方法来进行教学。"教学无定法"就是在实际地理教学活动中不能用单一、固定的教学方法，更不能将地理教学方法模式化、公式化。这样做的目的，就是要求教师对待教学方法既要遵循教学规律、掌握教学原理，又要在实际地理教学中，发挥个人的创造性、不拘一格地灵活运用各种教学方法。

由于地理学科的综合性和复杂性，使得地理教学的多种方法互相补充、互相渗透，这就应用到地理教学方法的组合。系统方法论的观点认为，重要的不仅在于方法的分类，更在于各种方法之间的联系，以及合理的结合与统一。因为不同的地理教学方法所强调与运用的重点不同，在某一条件下适当而有效的方法，在另一条件下，对另一课题或另一类型的教学工作可能完全不适用。每一种方法都有其优点和不足之处，通过组合，多种方法交织、互补，让有效的方法能够发挥更大效力，从而取得教学的最佳效果。

（一）地理教学方法的组合程序

巴班斯基认为：任何一种方法都不可能孤立地存在，多种方法的合理结合能调动学生学习的积极性，避免由于活动单调而影响学习兴趣。多种多样的教学方法的运用，能够把学生的各种运动知觉吸引到学习活动中来，使他们以各种记忆和思维方式去理解教材，提高学习效率。当然，方法的组合也要根据一定的程序，不能将教学过程变成活动类型变幻多端的万花筒。

（二）地理教学方法组合的评价

教师在选择、组合和运用一定的教学方法之后，要对教师教学方法做出科学的评价。这种科学的评价，能促进教师的教学方法向最佳组合方向发展。缺乏科学评价，将不利于教师对教学方法组合的不断研究和改进。好的地理教学方法的组合应具备下列两个特点：

（1）教学效果显著。方法组合的优劣，首先要看能否有效提高课堂教学效果，实现地理教学目的。教学目的实现与否，是通过教学效果来检验的，而教学效果衡量的标准，又是根据教学活动是否实现教学目的来判定的。因此，好的教学方法组合，必然是教学目的、教学方法和教学效果的较好统一。

（2）教学效率高。地理教学方法组合的评价，不仅要看教学效果，还要研究教学效率。好的教学方法组合，其教学效率应该是很高的。在投入较少的人力、物力和时间情况下，能获得良好的教学效果。地理教学方法的选择要把地理教学内容作为主要依据之一。不同的教学内容，选择不同的教学方法。例如，对概念、规律、原理较多较深的内容，应选择讲解式、启发式、读图法、演示和实验法等教学方法，这些方法更有利于学生理解地理概念的内涵和外延，理清规律和原理之间的联系；而对现实生活中出现的地理现象的理解问题，可以选择观测法、调查法等教学方法，鼓励学生运用教学理论和实践相结合的教学方法进行学习和探究。

第二节　以语言传递信息为主的方法

一、讲授法

（一）概述

讲授法是教师通过口头语言向学生讲述、讲解、讲读地理知识，发展其智力的教学方法，是教师向学生传授知识的重要手段。在应用此法的过程中，学生采用的是典型的接受性学习方式。

（二）特点

1. 通俗化和直接性

教师能把深奥、抽象的知识讲授的生动具体形象、通俗易懂，从而排除学生学习的畏难情绪，使学习真正成为轻松的事情。

2. 简捷性和高效性

使用讲授法向学生传递知识直接而快速，减少了其他因素对知识传递的干扰，节省时间，避免了在认识过程中出现一些不必要的曲折和困难。因此，它相较于学生自己去摸索知识更快捷高效。

3. 全面性和准确性

相比学生自身探索学习，教师能够比较全面、准确地领会教材的编写目的，深刻理解、挖掘教材中的深层内涵，更准确地定位出教材重点、难点、关键点。通过教师的系统讲解和透彻分析，学生能比较准确地掌握和理解教材。有效的讲授法能为学生节约时间，其适合运用于陈述性知识的教学，在较短时间内将大量信息传递给学生。

（三）分类

在地理教学过程中，经常采用的讲授法主要有讲述法、讲解法、讲读法等。

1. 讲述法

讲述法是教师用形象的语言，向学生叙述或描述地理事象的方法。一般在叙述地理事物、现象、特征和分布时运用讲述法。例如，在自然地理、人文地理教学中对各种现象、景观的描述，在区域地理教学中对有关地形分布、水系分布、资源分布、产业分布及各地风土人情、城乡景观的描述等，常运用讲述法进行教学。

教师在运用讲述法时，叙述要思路清楚、结构严谨、有吸引力，描述要生动形象、启发想象、有感染力。在教学中的讲述法通常将叙述和描述结合运用，使用讲述法要紧密结合教材需要，恰到好处。

2. 讲解法

讲解法是教师用富于理性的语言向学生说明、解释或论证地理概念和地理规律的方法。讲解法和讲述法的不同在于：讲述法以叙述、描述为主，讲解法以论述和阐述为主。教师一般在说明各种自然或人文地理事象的形成原因、布局、原理、相互联系或阐述地理区域的综合性和差异性，解释和推导天文、气候、水文等一些公式和原理时运用讲解法。

讲解法与讲述法的运用密切相连，不同的是讲解法主要是解释事实和佐证原理，要求教学语言设计要在理解教材的基础上深入浅出，言之有物，论之以理。地理教学中的讲解法要注意符合学生的认识规律，以地理科学语言进行，从具体到抽象，从感性到理性。讲解应注意突出重点，重在讲清楚关键问题。

3. 讲读法

讲读法是将讲述、讲解和朗读结合在一起的方法。在地理教学中，朗读的运用虽然不及语文和外语学科普遍，但是却发挥着重要的作用。从教学内容来看，一般在以下两种情况下运用讲读法：一种是在讲授教学课本中的重点内容时采用讲读法，目的在于诠释课本中原文的含义。另一种是在讲授课本精彩的段落或者可读性很强的内容时采用讲读法。

讲读法要求教师在平时注意搜集有关材料，把朗读内容安排在恰当时机，并与讲解相结合。

（三）要求

（1）认真备课。熟练掌握地理教材内容，讲授地理知识要点应做到系统连贯、条理清楚、重点突出、通俗明了，对知识的结构、系统、联系等做到胸有成竹，同时要注意学生反馈，调控地理教学活动的顺利进行。

（2）地理教师的语言表达能力对讲授法的效果起直接影响。因而，教学用词清晰、简练、准确、具有科学性和逻辑性；用科学生动、富有感染力的语言教学；吐字清晰，音调适中，速度及轻重音适宜；注意投入感情。

（3）讲授的地理内容应具体化。要精心组织地理教学内容，使之条理清楚，主次分明，重点突出。抽象的概念原理要联系旧知，尽量结合可视化方法，使之形象化，易于理解。

（4）讲授过程中要配合直观教具演示，结合板书。灵活运用板书提示教学要点，凸显教学进程，使讲授内容形象化、具体化。培养学生养成专心和认真记笔记的习惯。

（四）评价

1. 优点

（1）对教师而言效率高。教师利用讲授法授课，在教学中能充分体现其主导作用，利于教师对学生学习做系统的规划，并且使深奥、抽象的地理知识变得具体形象、浅显通俗。采取这种定论的形式直接向学生传递知识，可避免学生在认识过程中遇到许多不必要的曲折和困难，这比学生自己去摸索知识节省时间。因此，讲授法在教学中具有无法取代的简捷和高效的优点。

（2）比较灵活。教师在讲授时还可以根据听课对象、教学设备和地理教材等的特点对讲授内容灵活处理。必要时补充一些有价值的地理知识内容，可使学生得到远比教材内容多的知识。

（3）任何真正有效的讲授都必定融入了教师自身的学识、修养、情感。因此，对教师来说，讲授法教学不仅是知识方法的输出，也是内心世界的展现。这些都潜移默化地影响着学生的心灵。

2. 弊端

（1）学生学习被动化，产生依赖心理。在讲授式教学中教师是主导，知识都是由老师讲授的。学生处于被动听课的角色，所有问题都等待教师来讲解，逐渐地形成了依赖心理。教师讲得越好，其期待和依赖心理就越强烈，容易滋长惰性，从而削弱了学生学习的主动性、独立性和创造性。地理学科知识不乏要求学生具备空间思维能力，逻辑思维能力，心存依赖地学习，缺乏自主思考不利于思维能力的提高。

（2）容易演变为注入式，满堂灌的形式。讲授法在教学中若运用不当，易使教师只考虑自己是否讲得全面、细致、透彻，而忽略学生的特点与实际需要。这使师生逐步产生心理定式——教师不讲就不放心。于是，形式化，注入式、满堂灌式教学就形成了。地理学科的学习不仅在于掌握多少知识，还在于学生地理能力和综合学习能力的培养，而满堂灌式的地理教学将阻碍学生地理能力与综合学习能力的培养。

（3）教学信息单向化，学生缺乏思考。学生听教师讲授，偶尔回答问题，只是配角。信息都是单向地由教师输送给学生的，学生没有反馈。这不符合现代课堂教学信息多向传递、多向交流的特点，影响学生学习的深度和广度。

因此，在讲授法的应用过程中经常会出现这样的状况：教师讲得头头是道，学生听得莫名其妙；教师讲得面面俱到，学生听得不得其要；教师讲得津津有味，学生听得昏昏欲睡。

讲授法作为最普遍使用的教学法具有它不可替代的优点，随着教育的发展，研究的深入，其局限性也日益显露。

二、谈话法

（一）概述

谈话法是基于学生已有的地理知识和生活、学习经验，通过问答的方式传授地理知识、启迪智力的方法。随着地理教学改革的深入，目前在初中地理教学实践中谈话法的应用已愈来愈普遍。不仅在复习巩固旧知识、检查知识掌握程度时可采用谈话法，而且在传授新知识时也常常采用谈话法。谈话法一般可以分为两种类型：一种是问答式谈话法，另一种是启发式谈话法。

（二）应用

问答式谈话法一般在检查学生对已学过的地理知识是否遗忘时运用，教师和学生一问一答，比较简单。启发式谈话法则不同，教师提出的问题通常需要学生开动脑筋、积极思考来回答。教师通过创设问题情境，使学生处于一种"智力上的困窘状态"，或者把较复杂的问题分解成几个小问题，然后启发、诱导学生一步一步地利用自己已有的地理知识，寻求问题的正确答案。

（三）要求

运用谈话法时应注意以下几点：①把握提问的时机和对象。要针对教学目的、重点、难点以及教材内容的特点设置问题。②教师提问时要有灵活性和应变能力。③问题的深浅度要适当，问题要明确、具体，切忌模糊、空泛；问题的范围大小和难易度都要适中；问题要避免带有暗示性，以免学生不是在思考问题，而是在猜测；重点的、主要的问题地理性要强，切忌在枝节问题上大做文章；有关的问题应有系统性和连贯性。

（四）评价

谈话法也有一些局限性。首先，并不是所有的教学场合都适合运用谈话法，虽然讲授新课、复习旧课都可以运用谈话法，但有些难度很高的内容需要完全由教师讲解，情节生动、语句精彩的内容，就不适合采用谈话法。其次，谈话法相对于讲授法来说教学时间一般要长一些，在有限的教学时间内过多地采用谈话法，有时可能会完不成教学任务。再次，对于初次走上讲台的实习教师或新教师来说，运用谈话法有一定的难度。他们虽然在备课时也能设计好提问的方案，但上课时往往只会按"既定方针"办，不能灵活掌握谈话的进程，遇到意想不到的情况常常手忙脚乱、顾此失彼，缺乏应变能力。当然，要想自如地运用谈话法，掌握好提问的时机、火候和分寸，必须有较长时间的教学实践，达到谈话技巧的"炉火纯青"并非一朝一夕之功。从这个意义上讲，谈话法的运用确实是一种"艺术"。

第三节　以直接感知为主的教学方法

以直接感知为主的教学方法，是指教师演示各种地理教具、地理实验和组织课外参观等，使学生利用各种感官直接感知地理事物而获得知识的方法。以直接感知为主的教学方法，主要包括演示法和参观法。这类方法的特点是具有直观性、形象性和真实性。

一、演示法

演示法是教师展示各种实物、直观教具，或者进行示范实验，使学生对地理事物产生感性认识的方法。在地理教学中运用的直观演示，主要有地理挂图、图片、照片、地理实物、标本和模型的演示；幻灯片、录像、电影的演示；计算机模拟演示，地理实验的演示；等等。

运用演示法应注意以下几点：①无论哪一种演示都必须和讲述法、讲解法、谈话法等以语言传递信息为主的方法紧密结合起来运用，注意各种方法的穿插和渗透。②演示的时间要及时，根据教学进程在适当的时候展示，并及时撤下，以免学生提前或迟迟地沉湎于演示中非关联内容的细枝末节。③一般要选择教学中的重点或难点作为演示内容，以利于教学重点、难点的讲解；演示内容的地理性要强，避免演示的重点内容过多或加入其他学科的内容。④演示必须突出地理事物的主要特征，防止学生把注意力分散到次要的问题上。⑤演示各种教具或实验，在数量和时间上要注意适量。

二、参观法

参观法是教师根据教学任务要求，组织学生到自然界或社会场所，通过对自然、人文地理事象的直接观察而获得知识的方法。

地理教学参观的内容很多，包括山川湖海、名胜古迹、植物园、动物园、博物馆、工厂、矿山、商场、港口、道路、农场、乡村等各种自然或人文地理事物。参观法以大自然、人类社会为活教材，能打破课堂和教科书的束缚，扩大学生的视野，是理论联系实际的重要环节，其主要目的在于到大自然和社会实践中去感知直接知识、验证间接知识。

第四节　以象征符号认知为主的教学方法

以象征符号认知为主的教学方法，是指教师通过地图、地球仪、剖面图、示意图等以象征符号表征的图像，使学生获取地理知识的方法。与"演示法"展示地理事物外部形象的直观教具不同，以一系列惯用的象征符号来表征地理事物，能揭示地理事物空间分布的特征以及地理事物发展变化、相互联系的特点，对于地理教学来说，具有极为特殊的意义。

当然，地图或者其他象征符号表征的图像仅是一种工具或手段，以象征符号认知为主的方法必须结合以直接感知为主的方法，并且与以语言传递信息为主的方法紧密配合，做到符号认知和直接感知相结合，图像信息和语言文字相结合，才能取得更佳的教学效果。在地理教学过程中，以象征符号认知为主的教学方法主要包括地图法和纲要信号法。

一、地图法

地图法是指教师和学生通过地图（包括地球仪）、剖面图和其他示意图，传授地理知识，培养读图用图技能，发展记忆能力和空间思维能力的教学方法。地图具有直观性、地理方位性、抽象概括性、几何精确性等特点，以及信息传输、信息载负、图形模拟、图形认识等基本功能。因此，地图不仅是地理科学研究的重要手段和表达形式，同时也是地理教学的一种极为重要的手段和方法。同文字语言一样，地图也是一种语言。地图语言是指由各种象征符号、色彩加上一定量的文字所构成的、表示空间信息的图形视觉语言。地图法主要包括地图挂图的运用以及指导学生阅读地图册两个方面。

二、纲要信号法

纲要信号法是指教师和学生围绕一种被称为"纲要信号"图表的教学辅助工具进行讲授、记忆、复习的教学方法。所谓"纲要信号"图表，就是一种提纲挈领地概括教师所讲内容的图表，它以简单的符号、关键性的语言文字和简洁的示意图等各种形式，把教科书中大段需要记忆的内容概括成简明的"纲要信号"。

运用"纲要信号"的关键是要设计出简明、醒目、准确的"纲要信号"图表。这就要求教师必须吃透教材的内涵实质，掌握教材的结构、重点、难点，弄清各知识要点之间的联系，然后运用记忆编码的心理原则，巧妙地编制出直观和便于联想的"纲要信号"图表。

纲要信号法最大的特点，是在处理教材中大段需要记忆的内容上有独特之处，它充分依靠了联想和视觉记忆，符合现代心理学的记忆规律以及信息论的记忆原理。

纲要信号法的局限性主要是在一定程度上阻碍学生发挥学习的主动性。这些图表往往在一定程度上束缚了学生的思维，在如何发挥学生在学习中的积极性、主动性，如何培养学生的自学能力、思维能力等问题上，纲要信号法尚显欠缺。

第五节　注重学生实践活动的方法

对于地理学科来说，注重培养学生实践活动的能力，尤其是室外实践活动和野外实践活动的能力，使学生通过亲身的实践获得对知识的直接感知，获得初步的科学探究的体验，意义重大。这类重在培养学生地理技能技巧或行为规范的教学方法，主要有地理调查法、地理观测法和地理实验法。

一、地理调查法

地理调查法是指教师指导学生通过地理调查的方式，完成既定学习任务的教学方法。地理调查法是一种重要的实践性地理教学方法，具有综合性的特点。运用地理调查法教学的一般步骤如下。

1. 地理调查内容的确定

尽管在现实世界中，可供进行地理调查的内容很多，然而，作为教学过程的地理调查，必须以课程目标为依据，以学生的认知水平为基础，来确定所需要调查的内容。

2. 地理调查的准备工作

地理调查是在野外或社会中进行的一项艰苦的学习活动，需要付出很多的体力劳动和脑力劳动，需要吃苦耐劳的精神和团队合作精神。特别是出于安全的考虑，需要严格的组织纪律作保证。

3. 地理调查教学的设计

地理调查教学的设计内容包括教学目的及学生分析；调查题目的确定及理由；调查的目的及预期效果；调查内容及已掌握的资料；调查步骤、程序及组织实施；调查的结论及报告的撰写；教学的总结和反思。该教学设计中最主要的内容如下：①调查目的设计，包括调查的对象和内容；通过调查活动，要使学生了解、认识或理解些什么；要培养学生哪些方面的能力；要使学生的情感和品德方面有哪些提高。②准备设计，包括调查活动前，需要对学生进行哪些方面的指导；考察点或调查部门的选择及联系；组织准备和物质准备。③过程设计，包括调查的具体步骤；调查结果的呈现方式；安全、交通、生活等问题。

4. 地理调查的实施

这是整个教学活动的实质性环节，是学生对调查目标进行实地探究、学习的过程。在这一过程中，教师需要对学生进行有针对性的指导，使学生获得应有的收获。

二、地理观测法

地理观测法是指学生在教师的指导下，通过对室外地理要素或现象进行系统的观察和测量而完成既定学习任务的一种教学方法。地理观测也是地理认知的重要手段，通过地理观测可以培养学生勤于观察，科学记录，善于进行资料分析和综合，学会从中得出相应科学结论的能力。这些能力往往是通过课堂教学和阅读教科书所难以获得的。地理观测是学生最感兴趣的实践活动之一，内容很多，如天文观测，包括星空、月相、月食、日食、彗星、黑子等；气象观测，包括云、气温、气压、降水等；河流水文观测，如水位、流量、流速、污染状况等；交通观测，如路口流量、车辆拥堵的空间和时间分布等。

三、地理实验法

地理实验法是指学生在教师指导下，通过实验得出结论从而完成既定学习任务的教学方法。通过实验可以使学生获得一定的直接经验，使学生受到规范的实验训练，更重要的是使学生认识到在科学研究中，实验是科学结论最为重要的源泉。在地理实验中，基本的实验类型有两种，即地理感知性实验和地理验证性实验。

1.实验教学的基本程序

第一步，明确实验的目的。第二步，设计与选择实验方案。第三步，局部设计。第四步，评价。

2.实验教学的基本要求

第一，规范操作。第二，突出重点。第三，言语配合。

第六节　注重学生探究学习的方法

一、发现教学法

（一）基本含义

发现教学法概括地说，是指教师通过提供适宜于学生进行知识"再发现"的问题情景和教材内容，引导学生积极开展独立的探索、研究活动，以发现相应的原理或结论，从而培养学生创造能力的方法。

（二）细化分类

1. 归纳发现法

归纳发现法中概括过程占主导地位，其显著特征是从具体到概括或从特殊到一般。学生在学习过程中对地理问题中的部分特例具有的某种属性比较熟悉，却不愿从特例的某些属性去揣摩该问题的普遍属性。正因为学生具有这样的思维特点，在地理教学中可适当采用归纳发现法来训练学生的地理思维能力，让学生学会利用归纳法来解决地理问题。

2. 演绎发现法

演绎发现法，顾名思义其演绎过程是此方法的核心部分。特点是从概括到具体或从一般到特殊。教学中采用演绎发现法，首先要明确要解决的问题，使学生构建出自己的问题空间，而后运用预先评价的方法明确学生是否具备开展演绎所必要的知识及技能。在地理教学中，要了解学生的知识水平和能力水平，教师可根据学生的知识能力水平选择简易问题进行演绎发现。

3. 类比发现法

类比发现法是从一种现象所具有的性质和特征，猜想另一现象也具有相似的性质和特征的方法。教师首先需要为学生引导出所研究地理现象的类比物，以此设置问题情境，组织学生使用类比发现法开展探索活动，找出相似性后使用类比推理建立假设并加以验证。课本中大量内容都可以利用类比发现法教学。

4. 实验发现法

观察和实验可以清楚表示所研究对象的某一特性或者对象本身的特点，也可用来判断研究的性质。所以观察和实验对地理教育教学意义重大。学生可以通过地理实验研究问题。

（三）一般步骤

1. 创设问题情境，引发学生兴趣，培养探究动机

问题情境是一种利用"最近发展区"理论的学习情境。基于学生已有的知识水平和能力，设计符合学生身心发展的、生动趣味的、需要学生经过一番努力才能解决的问题。这些问题是由表及里、由浅入深的。学习情境的素材可以选择包含一定规律的学生熟知的自然或实验现象，也可是某些运用地理知识进行推理和判断的案例，还可以是利用知识和技能解决问题的案例。在这样的情境下学生才能形成对未知事物探索的动机。

2. 主体进行探究活动

主体探究活动是指在教育教学过程中以学生为主体的思维和操作活动。这种探究活动要求以个体的独立操作活动为主要目标，给予学生充足的活动时间和空间，让学生尽量通过实践来开展探求，相互主动交流讨论。这种新的学习体验可以激发学生继续探究的热情。教师还需运用激励性语言鼓舞学生，争取让每一个学生都融入交流与商讨之中，这样可以提高学生的积极性，营造和谐融洽的课堂气氛。

3. 发现、分析、比较，提出假说，发展选择性思维

学生利用教师提供的材料，相互讨论，在教师的帮助下将零碎散乱的材料加以整理和重组，通过对比分析，找出知识之间的联系和差别。在这一思维过程中，要鼓励学生充分利用直觉思维，尽可能地罗列出问题解决的方法和解决这些问题时可能遇到的问题。

4. 引导与发现

在发现教学法中，教师有效的引导和学生积极的发现可以保证学生在正确的思路下进行有意义的探索，这样避免了学生盲目猜想和无效活动。引导应以当前教学内容和学生已有的认知条件为基础，然后逐渐加深难度。教师应给学

生自主选择、积极联想、开拓创新的思维空间。

5. 多向合作交流

学生之间进行相互交流和协作，可以补充和完善自我认知结构的缺失，实现对认知材料的理解和感悟。在独立探索基础上的交流讨论能激发学生对问题的研究兴趣，加深他们对问题的研究程度，这种合作与交流还加强了集体理念和团结合作精神，师生间的感情也可以通过情感交流得到增强。在地理教学中，师生之间的交流互动是每节课都需要有的，这体现了新课改中以学生为主体的思想。师生在交流讨论中，可以互换思想，教师可以改进自己的教学策略，学生可以发掘一些易错知识点。

6. 亲自操作，验证假设，总结规律，呈现结论

课本上引用的案例虽然具有代表性，但也不是在任何地方都适用。因此，师生应该反复求证各种可能性运用分析思维，重复讨论探寻答案。学生动手实践，教师作为引导者确保学生有大致正确的研究方向。

7. 转化为能力

学生自我发现的往往是一些简单的概念或原理，教师引导学生将普通的概念或原理用于实践，才能提升学生运用知识分析问题和解决问题的能力，将知识内化为学生的认知结构。因为地理是对地球表面的地理环境的研究，所以地理大多都来源于生活。在地理教学中，教师每讲到一个知识点，只要是现实生活中能够接触的都可让学生去亲身体验，通过自我发现来提高学生的学习兴趣以及地理学习成就感，懂得地理知识在生活中的有效性。

8. 学习效果反馈

学习效果的及时反馈对于教学是非常重要的一个环节。其中，学习效果反馈中不仅要有知识层面的反馈，还要记录学生的课堂行为活动、学习态度与学习方法等重要信息。教师课后应该多与学生交流，了解学生对教师的教学速度、教学方法是否习惯，了解学生心目中的地理课堂应该是怎么样的。学生课堂上都能听懂，而且都觉得简单，但做题的时候就感到很困难，教师应该就学生这一普遍现象，找出解决的方法。

（三）基本要求

（1）创设"发现"情境，培养学生问题意识。

（2）善于引导，讲求实效。

（3）确立学生主体地位，营造师生和谐氛围。

二、问题解决教学法

（一）基本含义

问题解决教学法是利用系统的步骤，指导学生思考、探索和解决问题，以达到启发学生思维和培养学生解决问题能力的一种教学方法。问题解决教学法可调动学生认知积极性，使学生在主动探究问题的过程中学习。它的特点是要学生开动脑筋去解决问题，着眼点在"思"。

（二）一般步骤

问题解决教学法的实施过程有五个步骤：

1. 发现问题或疑难

第一，抓住矛盾，寻找问题。第二，在比较中寻找问题。第三，应用假设，提出问题。第四，在分析、综合基础上，寻找问题。第五，在评价中寻找问题。

2. 确定问题的所在和问题的性质

问题提出后，教师要帮助学生理解问题的要求与条件，收集必要的信息，弄清问题各因素之间的关系。问题表征，是指问题状态在问题解决者的头脑中是如何呈现的。在问题解决的教学中，问题表征是问题解决者从指导语中吸收的。问题表征不同，问题的难度也不同。以下几种问题的表征形式可减轻工作记忆的负担，有利于解决问题。

一是记录。所有的问题最初是在头脑中表征的，如果将问题写下来，可以减轻记忆负担。

二是图示。在解决一些涉及空间关系的问题时，绘制适当的示意图，是对问题进行表征的有力手段。

三是列表。当问题中给出的信息可被归入不同类别时，可采用列表的形式。

四是画结构框图。当所要解决的问题相当复杂时，应考虑用结构框图等形式来表征问题。

3. 提出可能的解答或假设

问题确定之后，鼓励学生根据他们的知识和经验，运用推理和观察等方法，去探求解决问题的途径，也就是假设。如果问题复杂，学生感到无从下手，这时教师就要帮助学生分析问题，并提供学生有关参考资料，引导学生寻求可能的答案。下面介绍几种具体的解决问题的方法：

第一，目标分解法。有些问题的解决并非一蹴而就，这时往往将问题分解为若干个子问题，每个子问题有它的目标（子目标），通过完成每一个子目标来使问题最终解决。

第二，逆向反推法。在解决某些问题时，当从目标出发的解决路径明显地少于从初始状态出发的路径时，用逆向反推法比较合适。例如，学习"长江"后教师提问："你认为长江成为'黄金水道'的主要原因是什么呢？"对这一问题学生往往就从长江水量大、水位变化小、含沙量小、无结冰期、干流长、支流多、江阔水深等水文特征方面评析。为使学生对问题有全面的把握，教师继续提问："如果长江沿途所经过的都是资源贫乏、人烟稀少的荒凉地带，长江还能称为'黄金水道'吗？"提问使学生的思维伸向更深更远的地方，使学生意识到问题的复杂性，促使他们从多角度去分析和认识问题，评价事物。

第三，类比法。当学生面对某种不熟悉的地理事物或现象时，可以运用类比思维，先将该地理事物或现象与已经学过的另一同类地理事物或现象作比较，然后解答。

第四，"头脑风暴"法。当我们碰到一个问题，而又没有可供选择的解决办法时，可运用"头脑风暴"法产生几种解决办法，然后从中选择合适的方法。头脑风暴又叫智力激励，它鼓励学生在最短的时间内提出的假设越多越好，不管它们多么离奇古怪，都不要作出评价。

4. 选择一种合理的假设

学生提出假设之后，要用批判的态度来考查这些假设。若假设与事实不符，即刻放弃，再考查另外的假设，直至获得解决当前问题最为合适的方法。选择过程中，教师应该注意以下几点：①学生提出假设之后，不论正确与否，教师都要问一个为什么，让学生说出理由。②一个假设提出之后，不要让学生贸然接受，而应指导学生探索其他可能途径。最好先由教师把学生所提出的假设依次排列起来，然后指导学生依次讨论。③已经放弃的假设，不必重复讨论，除非发现新的证据。教师要鼓励学生对自己提出的假设持客观的态度。④教师要用发问、提示难点等方法，引导学生批评假设。⑤在学生思考过程中，要给他们充分的时间，养成不轻易下结论的科学态度。

5. 对问题解决的总结评价

对问题解决的过程和结果加以总结、评价与反思，是改进问题解决技能的极好机会。问题解决之后一般有两种总结评价：一是对结果的总结评价。对已选择的假设的正确性进行检验，从理论方面或应用的实际情境证明假设是否正确。二是对过程的总结评价。问题解决得怎么样？应当怎样改进问题解决的技能？通过自我总结，改进问题解决的方法。

第五章
初中地理教学实践研究

长期以来，我国地理教育更注重理论学习，缺乏地理实践力培育的问题一直是各方关注的重点。因此，当前的初中地理课程改革中，地理实践技能、探究意识、创新精神的培养被置于重要地位。随着"学习对生活有用的地理""重视对地理问题的探究"等新课程理念的推行，"田野"式教育逐渐成为最受重视的地理教学方式之一。

走向"田野"的地理教育是指在教室以外的其他场所进行的地理教育。从空间上看，是将学生的地理学习从教室内扩展到教室以外的空间，包括野外，社区等，如田野、车间、家庭、科技馆、社区等场所。从理念上看，注重培养学生的实践能力和创新思维的发展，是对限于教室的地理教育的有力补充，也是对地理教育的实施空间仅限于教室的有力批判。从目标上看，既可以是对教室所学地理知识、原理的直观化检验，降低抽象理论知识学习的难度，也可以直接以培养学生的研究性学习能力和探究精神为目的。从形式和内容上看，可以包括一些在教室里学习较有困难的地理概念、现象、过程的野外认识，如流水地貌、垂直地带性分布等的实地观察、记录，也可以是带着一些研究性问题的野外考察、研究，如对家乡土地利用类型的调查、家乡河流污染情况的调查等；既可以是围绕某一概念的单一性"田野"，学习如太阳高度角的测量，也可以是围绕某一主题，涉及多个地理概念或地理原理的综合性学习，如工业的区位选择问题。从课程所占的时间看，既可以在地理学科课程中进行，也可以在综合实践活动课、研究性学习课程中或课外时间进行。

第一节　外国地理"田野"教育的发展和启示

一、英国地理"田野"教育的发展与启示

（一）英国中小学地理"田野"教育的发展历程

1.19 世纪以来进步教育对户外实践的影响

19 世纪上半叶，从欧洲大陆传来的进步教育思想对英国地理教师的教学

思维和教学方式的影响已经十分明显。进步教育的原则是孩子的早年教育应该来自熟悉环境的第一手体验，而后才是书本学习。

托马斯·慧智（Thomas Wyse）是当时英国非常有名望的地理学者，他在1830年出版的地理读物中指出：地理知识是可以在日常生活中被学习到的。一个孩子从书本上学到的知识，远不如从自然中学习到的丰富和直接。

莫斯利（HMI Moseley）在1845年给教育委员会（Committee of Council on Education）的报告中指出，地理教学的机械化和地理教科书的低质量使地理教育驻足不前。孩子教育的第一步应该是"学会发现"，例如，从一天的旅程中去了解地球表面各个部分的特征等知识。这一观点得到了不同学者的支持，杰琳尔·西蒙斯（Jelinger Symons）推荐了"一步步从熟知的事物走向未知的事物"的教学方法。哈丁（Harding）也认同这种观点，指出儿童应该学会观察和描述所在区域的地理特性，先学会描述山坡才能学会描述高山的特征，先学会描述小溪才能学会描述河流的特征，先学会描述乡村才能学会描述小镇的特征，如此循序渐进，才是学习的正确顺序。劳里（Laurie）简洁有力地进行了总结：教学，就像慈善一样，应该从家里开始。斯蒂尔（Revd G.Steele）在1876年普勒斯顿区域报告中提出：有经验的教师看到课本上的插图后，应该与孩子熟悉的当地的地理环境特征相联系并进行解说。普勒斯顿的男孩子们在接受采访时说，他们走到河边，看见两条河流"相遇"的景象时，终于能理解之前在课堂学习时有所困惑的地理描述术语"支流"和"汇合"的意义了。而地理教育界的权威布鲁尔（W.H Brewer）教授在1878年的布莱克本区域报告中也表明，学习地理最好的课本是地球表面本身。

虽然如何将这些理论广泛而真正地运用到实践中是一道难题，但仍然有一些记录文档保留了当时的实践过程。在布鲁斯城堡学校（Bruce Castle School），传统的地理教育是绝对的室内教学，但是从绘制教室的平面图到绘制学校的建筑，然后再到绘制学校周边的地理环境，这个学校的地理教学逐渐呈现出一种从熟悉到陌生，距离越来越远，范围越来越大的态势。

同样的，在伯明翰附近的黑泽尔伍德学校（Hazelwood School）、托马斯·莱特·希尔（Thomas Wright Hill）和马修·达文波特·希尔（Matthew Davenport Hill）坚定地利用地理计划和地图进行地理教学——从绘制学校周围环境的地图开始，再发展到范围为25英里（约40.2千米）的地图。

同时期的作家 W. 弗洛伊德（W.Freud）也将"在教室中制作地理模型向在城镇中制作地理模型发展"作为一个"理想的地理学习方式"。他记录了相关的短途旅行（用骑马或步行的方式）——孩子们环游小镇，观察了地理区域特征后，再在教室里绘制出地图的过程，并称这个过程"非常简单和愉快"。

（1）自然研究和科学的影响

在宗教的影响下，地理和自然研究被视为仅仅是揭示神创造辉煌的工具。在莎拉·特里默（Sarah Trimmer）（《圣经》中的人物）看来，自然是伟大的书，每页的美好都证明了神的存在和神的权力。但是进步的自然主义，比如地理学科的兴起，使户外工作成为必需。在这种思潮的影响下涌现出了一大批思想先进的和具有科学性的教师。

（2）"当地历史"方法的影响

19 世纪后期，对地理教育思维产生重要影响的另一个因素是英格兰的"当地历史"研究方法。1887 年，奥地利皇家地理学会（Royal Geographical Society）在《凯尔西报告》（the so-callde Keltie Report）中举例说明了英格兰的地理教育不能令人满意的状态。在这份报告里，地理教学开始与当地乡土的地理景观相结合，形成新的教学理论。

其他教育学家热衷于"当地历史"方法的研究，比如当时的凯尔西为了找到更多关于"当地历史"方法的规律和潜在价值，在欧洲组织了旅行学习。其中一个来自爱丁堡的学生乔治·库姆（George Combe）赞美了他见证的学校旅行："这次旅行学习给我们的感受与在文法学校 6 个月的学习完全不同，那个地方（文法学校）使我感到痛苦。但是，毫不夸张地说，通过一个上午的旅行我获得了大量实用和有趣的知识。"

同时，苏格兰地球科学家格基（Archibald Geikie）开始寻求改变学校地理教育现状的方法。在其具有开创意义的地理教学著作中，他大力提倡进步哲学，特别是将"当地历史"方法融入地理教育中。"事实证明，孩子们通过自己的直接观察，使地理观念和事物成为人生的一部分……"格基作为一位地球科学家，户外实践的方法对他的思想有着重要影响。他讲述了小时候在游览爱丁堡时第一次发现并搜集化石的场景，并表示"这种冲击力可以使任何一个男孩或女孩激发想象力，开始热爱地理"。格基在出版的《户外的课程》（1887）中概述了田野调查的优点：几乎不可能有比户外实践教学更好的地理教学方法。

一个教师应该对大自然充满热爱，并将这种热爱分享给与他共事的同事，点燃他们尊重和热爱自然的感情。通过教师的眼睛和教学方法，将外部世界和地理课程完美融合起来，有力地激发学生的观察力和推理能力，从而最大限度地为学生的地理教育做出贡献。

生物学家赫胥黎（Huxley）也非常支持格基的观点，并高度肯定了户外实践的综合价值。他在副标题为"介绍户外学习"的权威自然地理论文中，将户外实践作为高等教育中学习地理的新方式。之后，在政府决策中确定在小学开设自然地理学这门选修课程。

（二）19世纪末到第二次世界大战之前的英国户外实践发展

19世纪末的最后20年和20世纪初是英国地理教育发展的关键时期。《凯尔西报告》使一些有影响力的中学校长开始支持地理教育，并认为地理是一个在学术上可以接受的主题。皇家地理学会为促进地理教育发展做出了相当大的努力，在1893年成立了地理协会（Geographical Association）。事实上，在这之后，地理被认为是最关键的爱国课程之一，地理学科的地位上升得非常快。在维多利亚女王时代和爱德华七世时代，人们对地理学科的崇拜之情和重视程度达到了最高点。当时，"每个教室的墙上都挂有大幅的、英国殖民地的地图，人们更感兴趣的是占有和开发这些地方，这使许多维多利亚时代的英国人对周围的世界非常了解"[1]。在这一时期，英国大学的教育系和教师培训学校开始聘任地理教育专员，这些地理教育工作者将他们的教育实践经验融入地理教科书的编写当中，其中包括地理户外实践的经验，促进了地理教科书质量的提高。同时，麦金德（Mackinder）和赫伯森（Herbertson）在统一地理科学框架方面做出了努力，提高了地理学科的地位，使之得到了广泛的尊重。

1. 地理户外教育价值的探讨

地理协会的日志记录了早期的地理教师如何引导学生进行野外远足。例如，露西·雷诺（Lucy Reynolds），一个来自肯德尔私立学校（Kendal School）的地理教师，生动地描述了带领她的学生进行湖泊地区的住宅参观的种种好处：

---

① Clifford B. Geography in the British school system [EB/OL]. [2016–10–13]. Http: //geography. about. com/ library/ weekly/aa110899. htm.

自发的活动可以培养他们对大自然的热情和观察力，并且激发他们对自然的原始追求。她的妹妹琼·雷诺（Joan Reynolds）所反映的意见是，户外实践的主要价值是让孩子们切身感受到大气污染和城市环境污染，由此产生的道德负罪感比各种教育改革都更具实际效果。而专业学者芬德利（Findlay）教授则担忧，如今的学生都生活在城市中，穿梭于学校和家之间，两点一线，会离大自然越来越遥远，他们需要去户外活动，用眼睛看看大自然是什么。

但同时也有一些反对的声音，比如伦敦的教师奥福德（Orford）和史密斯（Smith），他们认为目前学校组织户外实践的能力不足以克服进行户外实践的困难。甚至一些很有名望的学者，包括莱德（Lyde）教授，也反对户外教学，理由是"当教师的水平不足，无法控制教学进程的时候，学生们会以为这是去野餐而不是学习。将'获取知识之路'想得过于简单，这本身就是一个误区"。

而第一次世界大战的爆发也使地理户外实践的推进受到了影响。从数据上看，1901-1969年，在第一次世界大战（1914-1918）之前，有15篇公开发表的关于户外实践的文章；在两次世界大战之间，尽管有两倍时间的长度，却只有9篇，但是在这个时期，麦金德和赫伯森也对户外实践的价值做出了诸多肯定。赫伯森完全沉浸在传播世界自然区域的总体框架中，认为乡土性的地理是培养当地居民爱国主义的优先手段，只有乡土孕育出的地理热爱才能发展到爱国主义情怀，接着才能培养学生作为世界公民的责任感。在世界自然区域的总体框架被确定之前，赫伯森在苏格兰地理杂志中发表文章，指出从地理的实用性和行业性来说，先学会不同范围内的读图，比先进行户外实践更为重要。从这个方面来说，格基所倡导的精神得到了延续。

2.学校旅行运动的开展

虽然麦金德、赫伯森和他们的追随者确定了英国地理教育的主要范式，但至少对于普通阶级的人们来说，传统的宗教观念和故步自封的地理教学并没有完全消除，这种传统的地理教学也没有产生更深远的影响。在这种情况下，地理户外实践作为一种新兴的教学方式流行起来，被视为是优先选择的、较为合适的教学方式。它先是被教育委员会批准作为一门选修课程，在这之后，对异国事物进行了解和学习的博物馆教学也成为一种较为流行的地理学习方式，比如去动物园参观大象和骆驼，开展一些短途旅行。

约瑟夫·科巴姆（Joseph Cobham）是格基在提倡户外实践教学方面的坚

决拥护者，他所发表的《学校旅行——一种地理学、自然地理学和初级科学的教学方法》，被认为是促进学校开展旅行运动的决定性文章。科巴姆从1877年就开始组织威斯敏斯特学院（Westminster College）的学生进行短途旅行。他始终坚持一个信念：无论学校旅行是以何种方式、在何种范围进行的，它必须要求学生在专业知识或学术方面有所掌握，而不能单单只是有乐趣的地理户外体验和简单的地理观察。具体来说，教师必须提出一些问题，让学生在追踪自然地理事物之间更深层次的因果关系上进行思考，要让学生进行比较明显的关联分析，直至逐渐掌握更为微妙的关联分析。而学校旅行的最终目的是让学生在回到学校之后，将这些分析因果关系的能力用在新的案例分析上，这就是所谓的"知识迁移"能力。

学校旅行运动的成功扩展在很大程度上依赖于官方的支持。1895年英国的小学管理条例中也赞成在校期间的学校旅行，比如去博物馆、美术馆和其他地理行政单位参观，等等，尽管这赞成较为谨慎和有限。1905年的小学管理条例对户外实践有了更多的支持，不仅更加肯定了学校旅行的教育价值和在激发学生兴趣方面的贡献，更重要的是，规定学校旅行是教学期间必须完成的教学任务，在学期内必须组织一次当地的乡土考察。

1908年，英国的教育委员会（The Board of Education）做出了一个影响更为深远的决定，他们以提高学生的身体素质为由为在校期间的学校旅行申请了一部分政府补助金。同时，如果当地的教育局不赞成学校旅行（补助金不足以支撑学校旅行），那么学生的家长有义务支付剩下的旅行资金。不管这些方式合不合理，学校旅行的资金来源逐步得到了解决。1909年，伦敦市议会投票通过了决议，每次学校旅行将得到100英镑的支持，其中包括专用设备的采购和教师的出行费用，等等。

费希尔（H.A.L.Fisher）是学校旅行的绝对支持者，他在1918年颁布的教育法中，要求当地教育局不仅要支付学校旅行的相关教学费用，也要解决学生和教师的食宿费用。这意味着，学校旅行对学生和教师来说是免费的。虽然20世纪20年代曾爆发经济危机，这些费用占用了大量的政府教育经费，但具有先进教育理念的教育部门也支持了这个决定。伦敦议会制定了名为《学校旅行》的户外实践教学指导意见书，强调了户外实践教学的教育意义。截至1936年，伦敦议会支持了378次学校旅行。

学校旅行的蓬勃发展促使学校旅行协会（The School Journey Association）于 1911 年成立。他们用实际行动反对单一的课堂教学，并努力宣传户外教学的价值。其中的一些领导人物如霍利克（Hollick）在 1938 年引进了综合性学习理念"环境教学"，他认为对于 14 ~ 15 岁的学生来说，环境教学有着特殊的课程价值。

在那个时期的英国，大部分学校旅行目的地都位于南部农村，"环境教学"作为一个城市运动，首要任务就是将城市中的孩子带到乡村，看看他们所忽略的自然界中的事物。学校旅行协会所做出的一个最重要的努力就是组织学生去了欧洲大陆国家。这个活动的任务说明书充分肯定了学校旅行在国际交流中所做出的贡献，每个参与者也感受到了作为"和平使者"的使命感。

路易斯（G.G.Lewis）作为科巴姆在威斯敏斯特学院的学生，坚持不懈地记录了 30 年学校旅行的盛况。在第一次世界大战之前，他将这些记录汇编成了三本书：《典型的学校旅行》（Typical School Journeys，1909）、《自然学习的计划和怎样进行自然学习》（A Scheme of Nature Study and How to Work it，1910）和《更长远的学校旅行》（Longer School Journeys，1911）。同时，路易斯也创造性地组织了一些户外实践活动，如野外生存实践。作为一个重视视觉体验的户外教学领导者，路易斯认为搜集在户外教学时的记录相片十分重要。他的许多著作中都有关于户外教学详尽的图片记录。他曾经提出，照相机虽然在课堂教学中并非十分重要，但是在户外实践过程中，它绝对是不可替代的，它记录了户外实践的实况和孩子的成长历程，是珍贵的研究资料。

路易斯另一个重要的贡献是，使地理协会和学校旅行协会紧密联系了起来。在那时，地理协会的关注点在改革中等学校的地理课程上，但路易斯 1920 年发表在《地理教师》上的两篇关于学校旅行的文章引起了地理协会的关注，与此同时，路易斯和学校旅行协会中的一些同僚围绕着课程计划的综合观点与地理协会进行了深入的探讨，使地理协会的成员更加关注学生的户外教学状况。

3. 区域调查法的盛行

19 世纪 90 年代，地理学家、社会学家和生物学家戈德斯·帕特里克（Geddes Patrick）教授在爱丁堡建立了前景塔（一个博物馆），以便当地学生更加详尽地了解爱丁堡区域范围内的事物和英国其他城市乃至世界其他地区的事物。他对教育最重要的贡献是在户外教学方面提出了区域调查的想法，他是英国 19

世纪 40 年代开展全国性土地调查活动的先驱。

l922 年成立的苏格兰区域调查协会（Scottish Regional Survey Association）发行了关于"区域调查法"的宣传册。1930 年戈德斯·帕特里克教授的支持者成立了 LE PLAY（勒·普雷）协会，详细介绍了区域调查法，使科学、地理、历史和社会学方面的支持者集中到了一个组织。他们指出，最精心制作的区域调查必然是"孩子们对周围事物进行调查研究的原型（范式）"。

另一个区域调查的拥护者是夏绿蒂·辛普森（Charlotte Simpson），她在著作《当地地理研究》和《发展当地研究》中强烈地推荐了"区域调查法"这种研究方法。格基著名的山谷截面模型（从山脉到海岸的区域）可以被运用到具体的陆地景观中，这对地理学者和历史学者而言也是十分具有教育意义的鼓舞。

但并不是所有的教师都赞同"区域调查法"的研究方法，与此同时，地理学家、历史学家和科学家在"区域调查法"的具体定义上也产生了分歧。先进的教育理论家坚持认为"区域调查法"并不是一个新的课题，而是一种教育过程，是一个以前没有被"如实描述"的、被"轻视"的教学想法。虽然这个教学的内容是"区域调查"，但是它几乎涉及了学校所有的课程，包括自然科学、地理和历史，也包括了算术、英语语言和文学、绘画、民谣、手工艺制作和园艺。它能够刺激学生固有的能力和观察力，并最终培养学生"调查研究的天性"，加强学生对社会的责任感和家乡的归属感。然而，关于"区域调查法"的具体实施方法和教程没有官方的说明，一旦合理的"区域调查法"的实施办法被确定，或者说学生知道如何从"区域调查法"中获得真正的经验和知识，它所发挥的作用是不可估量的。

"区域调查法"的最大成果是 19 世纪 30 年代由地理协会的区域调查组织所发起，由达德利·施坦普（Dudley Stamp）领导的英国土地利用调查。1930年，80% 的英国土地利用调查由每个郡、县计划，并交给学校承办，每英亩（一英亩相当于六亩）的英国土地都被记录在英国地形测量局的地图上。当然，最终确定的地图版本是由英国地形测量局出版的，并由专业的制图者制作。除了新知识的获得，"区域调查法"的教学观念和价值也在没有参与的学校中传播开来，这种新奇的地理学习方式受到了广泛关注。

（三）第二次世界大战之后的户外实践发展

第二次世界大战对学校旅行协会来说是一个巨大的打击，特别是在国外旅行方面，当然，学校旅行在国内的交流也受到限制。但在这期间，也成立了一些关于户外实践的协会，如 1943 年成立了旨在鼓励和帮助户外实践初学者的促进户外实践教学理事会（Council for the Promotion of Field Studies），在一定意义上夺取了长久以来由学校旅行协会组织短途旅行的优先权。1946 年，户外实践教学中心（Field Study Centres.）在萨福克（Suffolk）成立。这些陆续成立的协会中心使户外实践教学是"体验自然美的最佳方法"这一理念再一次印入人们脑海。

许多关于户外实践教学和学校旅行的读物重新出版了。公民教育协会（The Association for Education in Citizenship）多次组织乡土调查，强调了"地方性调查"作为一种先进的地理教学方法的重要意义。

1946 年，伊迪斯·库尔哈德（Edith Coulthard）创办了一个由一群六年级学生组成的"非学术型"组织，开展了一个比较战时和战后社会情况的调查。这个调查覆盖了地理环境、人口、住房、交通和娱乐设施的分布变化。信息的来源除了户外实践的第一手资料，还有地形、地质、土地利用地图，人口普查资料以及当地劳动部门、贸易部门的官方资料和媒体报道。最终的结果在展览会中展出，来自曼彻斯特大学教育系（Manchester University's Education Department）的奥利弗（Oliver）教授带领他的学生参观了这次展览，激发了学生进行调查的热情。奥利弗教授高度评价了这次调查。地理协会将库尔哈德组织的这次创新性活动的细节出版，并以此支持地理课程中的乡土调查。越来越多的官方机构看到了户外实践教学的希望，学校也陆续成立了户外实践教学中心。这种趋势在 20 世纪 60 年代尤为明显，10 年间学校户外实践中心由不到50 个增长到 200 个。

在 20 世纪 50 年代前期，大学地理部门将户外实践规定为不可或缺的地理活动，并重新启动户外实践教学活动。其中最激励人心的学术倡导者是伍尔德里奇（S.W.Wooldridge），他在 1954 年地理协会理事长就职演说中宣读了更为广泛的户外实践教学的原则，认为基于科学的自然地理户外实践，特别是乡村地区的户外实践活动，应该得到优先的考虑。

最早的"战后方法论"论文是 1956 年高伯希尔（Gopsill）发表的《论地理教学方法》（*The Teaching of Geography*），这篇论文陈述了地理户外实践的重要性，但更关注组织地理户外实践的困难。真正的突破来自 1974 年新版的中等教育证书（Certificate of Secondary Education）的颁布，新版的学业水平测试针对的是那些理论较强但实践能力较差的学生。英国 14 个地区中有 13 个地区在中等教育审查中增加了将户外实践作为指定课程的内容，并且许多地区将户外实践作为必修课来进行。当然，一些传统的教师，尤其在一些实施较为困难的乡镇学校，抱怨组织这种活动的困难性，但新的考试委员会坚持了他们的原则，规定如果学生要想通过中等教育证明，那么他们必须进行户外实践。150 年间，在各种组织、学者促进户外实践实施的过程中，这个政策是最为有效的。

在 20 世纪 60 年代初期，大部分先进的户外实践仍然依托户外实践中心和青年旅馆，在乡村周边进行。但在 20 世纪 60 年代之后，越来越多的户外实践中心从乡村转移到了城市，课程也变得更加广泛和具有综合性。户外实践的地点逐渐扩散到了城市中心地带、功能区域、中心商务区和郊区绘图服务中心等，并且这股潮流在学校中得到了广泛响应。

量化革命进一步刺激了地理户外实践的发展，强调更为客观的户外实践，提倡在数据处理过程中使用统计学的方法，这与传统的、归纳性的，基于观察、记录和解释的户外实践有所不同。在 20 世纪 70 年代早期，随着教育体制的改革，户外实践在各个方面都有了更深远的进步，成立了更多的户外实践组织和环境组织，在大学课程中也首次开设了户外实践课程。随着 1969 年《斯凯夫顿报告》（*Skeffington Report*）中关于公民参与的主张，户外实践能够培养公民责任感的观点再次在学生活动计划中提出，同时，保护环境的观点也得到了重视。诸多数据证明了这个事实：在 1954 年和 1974 年之间，发表了 10 篇完全关于户外实践方法论的文章，同时许多关于户外实践的文章被刊登在教育读物中。在 20 世纪 70 年代，卢卡斯（Lucas）将环境教育归纳为"关于环境的教育""在环境中教育"及"为了环境的教育"。"关于环境的教育"是向受教育者传授有关环境的知识、技能，以及发展他们对环境的理解力；"在环境中教育"是在现实环境中进行教育的具体而独特的教学方法；"为了环境的教育"是以保护和改善环境为目的而实施的教育，涉及环境价值观与态度的培养。在卢卡斯模式的影响下，英国教育界掀起了户外教育运动的高潮，主张在任何年级、任何学科，都尽可能到户外寻求相关的学习主题，以便通过户外学习使学生取得最佳的学习效果。在这之后的 20 多年里，英国环境教育的实施始终坚持户外教学。

（四）20 世纪 80 年代以来的户外实践发展

地理在英国学校课程中受到重视的状况一直持续到 20 世纪末。1990 年，英国国家课程委员会发布的《课程指引 7：环境教育》指出："环境教育的重心应放在学生自己的调查上，包括直接体验。实地学习在中小学具有重要作用。它提供机会，使环境成为学习的刺激因素，同时发展有关环境的意识与好奇心。"在 1991 年 3 月正式颁布的《国家地理课程》中规定：英国中小学地理教育内容可以分为五大部分（五个要求达到的目标）：地理技能、区域知识与理解、自然地理、人文地理、环境地理。教学目标的五个部分，还可以做进一步的划分，如地理技能可分为地图的使用与野外技能两项。

但从 1991 年之后，官方的教育政策发生了改变，英国的国家地理课程虽然提到了地理探究，但没有与学习目标融合。更为严重的是，当时的决策者多数秉承的教育理念是文化重建主义，他们企图通过强调传统的教育内容和方法，恢复以往文法学校的课程。中央政府的集权控制政策使学校和教师的自主权受到了限制。1997 年新工党执政后，新工党政府过度关注学生野外实践的安全和健康，导致学校对地理教学中的野外实习不予支持，缺少野外实习生动丰富的经历导致学生对地理课程的兴趣下降。国家课程政策、地理教师和学术团体之间没有达成协调一致的关系。基于以上的种种原因，英国地理课程逐渐衰落。随着英国地理课程地位的下降，地理户外实践的开展也随之驻足不前。

但在这一时期，也有一些规模较大的全国性活动推动地理户外实践的发展，如 1996 年的"观点与愿景计划"，此次调查的参与主体并非国家土地局或国家土地研究所的研究人员，而是由 5 名调查倡议者和 1287 个由教师和学生构成的调查团体。遍及全国的教师和学生担任陆地景观的测量员，并将土地利用情况绘制成地图。学生记录下他们在调查过程中所看到的景观，描述他们对这片土地未来的看法等。

当代英国地理学科的地位虽然比维多利亚女王时代有所旁落，但户外实践活动的教学方法依然盛行。经过几个历史阶段的发展完善，英国地理户外实践教学逐渐具备了体系完整、教学模式多样等特征。

二、新近英国地理课程标准对户外实践的规定

英国把 5—l6 岁的义务教育阶段划分为四个关键阶段（Key Stage，KS），关键阶段所对应的学生年龄和年级见表 5-1。在 KS1、KS2 和 KS3 阶段，地理课属于基础课程，是必修课。在 KS4 阶段，没有单独的地理课，地理课的学习内容包含在人文学习领域中。

表 5-1　英国义务教育关键阶段对应的学生年龄和年级

关键阶段	年　龄/岁	年　级
KS1	5~7	1~2
KS2	7~11	3~6
KS3	11~14	7~9
KS4	14~16	10~11

2011—2017 年，英国对其国家课程标准进行了两次修订。一次修订于 2011 年，该版课程标准推行至 2014 年；此后，2013 年 9 月颁布了新的国家课程标准，该版课程标准自 2014 年 9 月开始实施至今。

2011 年修订的国家地理课程标准与 2007 年第四次修订的课程标准相比，最大的变化在于此次国家地理课程标准在关键概念、关键过程、课程的范围和内容、课程机会四个部分的规定之后增加了注释，注释对四个部分的相关规定做了补充说明，这是第四次课程标准中所没有提及的。这些注释反映了英国国家教育部门对新形势下如何进行地理户外实践教学的态度和建议，是地理户外实践教学的新方向，使课程标准更具可操作性。

2011 版英国国家地理课程标准指出，"田野"教学是地理探究中不可或缺的部分。关键过程规定了学生在学习过程中必须获得的地理技能和必须经历的地理过程，包括地理探究、野外活动和户外学习、读图和绘图能力、地理

交流四个方面。"田野"教学和户外学习的正文中规定学生应该恰当地、安全地、高效地选择和运用野外活动的工具和技术。在进行户外实践的过程中，应该从各种各样的资源[图书馆、互联网和数字媒体、官方机构、地理信息系统（geographic information system，GIS）和报纸等]收集信息。户外实践应包括信息通信技术（information communication technology，ICT）工具的使用，如数码相机和摄影机，地理信息系统和环境传感器（如数据记录气象观察站）等。

课程机会（curriculum opportunities）的注释说明中增加了对"田野"式教学的说明，指出应为进行"田野"学习提供机会，让学生在真实的情境中对问题进行分析。另外，实地考察也应该将地理学习与学生对地区和环境的个人经验联系起来。同时，建议学生对比在教室之外的不同地理位置，实地考察应该有直接相关的研究课题，选择与生活区域对比鲜明的地方进行研究，并且鼓励学生负责任地参与地理活动，增加对地理的理解。

此后，最新颁布的英国课程标准是2013年9月新发布的《地理国家课程》（以下简称《国家课程》，2014年9月开始实行）。该版地理课程标准呈现出较为明显的"知识转向"，较之以往的课程标准，更为强调地理学科的核心知识，但对地理"田野"学习的要求并未减少。

2014年课程标准的学科内容分区位知识（locational knowledge）、地方性知识（place knowledge）、人与自然相互作用（human and physical geography）、地理技能和户外实践（geographical skills and fieldwork）等四个部分。

KS1阶段地理技能和户外实践的规定如下。

（1）学会使用世界地图、地图册和地球仪，能够在地图上明确指出英国和英国各省市的具体位置。

（2）能够知道各个主要国家、各大洲和各大洋的地理位置。

（3）能够使用简单的指南针辨别方向，学会使用有关方位的语言（比如远、近，左、右），能描述地理坐落位置的特点和在地图上的路线。

（4）能认出航摄照片和远景平面图上的地标及基本的自然地理、人文地理景观，能够使用基本的地图符号设计一个简单的地图。

（5）能使用简单的户外实践技能和观察技能研究学校的地理状况和地表环境特征，特别是周围环境的人地关系特征。

KS2阶段地理技能和户外实践的规定如下。

（1）能够使用地图、地图册和计算机制图确定各个国家的位置。

（2）能够使用指南针的八个方位描述地物的位置特征，使用四个和六个的参考坐标网格（包括陆地测量部地图），建立他们对英国和更广阔范围世界的知识。

（3）进行户外实践，使用一系列工具，掌握示意图、计划和图表以及数字等技术，获得观察、测量、记录和介绍当地人与自然环境相互作用的特征的能力。

KS3 阶段地理技能和户外实践中的规定如下。

（1）在教室和野外帮助学生掌握关于地球、地图和地球仪的知识。

（2）在教室和野外解释陆地测量地图的方法，包括使用参考坐标网格和比例尺、其他主题地图、航空照片及卫星照片。

（3）使用 GIS 分析和解释地理数据。

（4）进行户外实践，搜集多元、复杂的地理数据，并在地图上分析和绘制结论。

为了进一步了解英国国家课程标准中对"田野"学习规定的变化，笔者对 2008 版 KS3 和 2014 版 KS3 两个课程标准中对地理野外考察学习技能的规定进行比较，发现：在地理野外探究技能方面，旧课标强调的是探究、交流等一般技能在地理学科的运用；2014 版课标强调的是基于地理学科的技能，如地图、地理信息技术的相关技能（表 5-2）。

表 5-2　两版地理技能比较

2014 版	2008 版
认为学生应该具备运用地理知识、方法和概念的更强能力（如模型和理论），发展地理技能以分析、解释不同数据资源 （1）掌握关于地球仪、地图和地图册的知识，并能在教室和野外常规地运用和发展这些知识。 （2）学会在教室和野外解释英国国家制图局地图，包括运用参考坐标网格和比例尺、地形图和其他专题地图、航空照片和卫星照片。	（1）地理探究。 学生能够：①提出地理问题，批判性、建设性和创造性地思考；②搜集、记录并展示信息；③调查问题时，能区分资源中带偏见的及滥用的证据；④分析和评价证据，呈现调查结果以得出和证明结论；⑤寻找创造性地运用地理技能的方式，并懂得作地方和空间的新解释；⑥计划地理探究，建议合适的调查序列；⑦解决问题和做出决策以发展关于地理问题的分析技能和创造性思维。

续表

2014 版	2008 版
（3）运用地理信息系统观察地方和分析数据。 （4）将不同地点对比后运用野外考察搜集、分析地理数据并得出结论，运用多种多样的复杂信息资源	（2）野外调查和课外学习。 学生能够恰当、安全、高效地选择和运用实地调查工具和技术。 （3）图表和直观工具读写。 学生能够：①运用一系列不同尺度的地图集、地球仪、照片、卫星图片和其他地理数据；②构建各种尺度的平面图，运用绘图技术来呈现证据。 （4）地理交流。 学生能够在口头和书面表达中运用地理词汇和习惯用法交流地理知识

从英国地理课程标准对户外实践的规定中可以看出：英国地理"田野"学习始终在国家地理课程标准中占据重要地位；从地理"田野"学习的区域选择来看，英国国家课程标准提出在地理户外实践教学中选择与生活区域对比鲜明的地区进行研究，能够增加学生对地理区域差异性的理解，使学生深入思考产生差异性的原因，培养学生的空间思维能力；从地理"田野"学习的目标来看，英国国家课程标准提出应该重视学生的个人体验，能够引导教师在教学中减少"教"的时间，将更多的时间留给学生"学"，将地理户外实践教学的目标不单一地指向地理学习，而是鼓励学生在大自然中体悟，这是我国教师在进行地理户外实践教学时值得借鉴之处；从地理"田野"学习的技能来看，英国地理课程标准强调基于地理学科的独特技能，这些技能涵盖了动手"做"的技能和用脑"思"的技能，并形成从低学段到高学段逐级上升的培养体系。这些方面均值得我国在推行地理"田野"学习时借鉴与思考。

三、美国地理"田野"教育的发展与启示

美国在杜威的"做中学"思想及"儿童中心论"的影响下，户外教育的实践经验十分丰富。美国地理学科走向户外，走向"田野"的教学方式被广泛使用，其规范化和全国的普及程度处于世界领先水平。那么，美国中小学地理"田野"教育的主要做法和特点是什么？又能对我国初中地理"田野"教育带来哪

些可供借鉴的启示与措施？本部分试图对以上两个问题进行解答，以期为我国"田野"教育的推广及规范化提供借鉴。

（一）美国中小学"田野"教育的主要做法和特点

1. 强调"做"地理，且以访谈和调查为主要方式

1994年，美国颁布了国家地理课程标准《地理为生活：国家地理课程标准》，对教师、课程设计者和其他地理教育工作者的指导意义重大。2009年6月，地理教育国家执行项目（Geography Education National Implementation Project）公布了《地理为生活：国家地理课程标准（第二版）》的草案，除编排形式有较大改变外，内容与第一版基本一致。《地理为生活：国家地理课程标准（第二版）》明确指出："做地理（doing geography），即学生学习如何使用地理思维和信息来做出合理的决策和解决个人和社区的问题，这才是最关键的。地理教学的目的是让学生掌握地理的知识、技能和观点，而通过'做'地理就能实现这一目标。在 K～12 的地理教育中，许多非常有价值的地理运用都在教室的高墙之外。地理教育应该让学生终身能以地理的观点去分析世界性的事件、问题和决策。"①

笔者整理出美国国家地理课程标准中建议学生走出教室去学习的部分（表5-3），发现其内容以人文地理居多，方式主要为访谈和调查类，调查区域多为学生所在的社区，有较强的可操作性，充分体现了其"地理为生活"的基本理念。

---

① National geography standards &. skills[EB/OL]. (2013-4-10)[2016-02-13]. http://education. nationalgeographic. com/ education/ national-geography-standards/? ar_a=1.

表5-3　美国国家地理课程标准中建议学生走出教室去学习的部分

年级	标准的要求和建议
K ~ 4	（1）学生能够用不同的方法，比较人们是如何看待一个地区的，例如通过访谈，搜集不同年龄、性别、种族的人如非洲裔男性青年、老年白人女人如何看待同一个地方或区域，然后按主题组织信息。 （2）学生能够描述和说明各种尺度的生态系统，如能够采集当地生态系统的样本，并制作立体模型。 （3）学生能够描述和比较人口的特点，如能够制定调查问卷，搜集两个班学生的特征（如种族、年龄、性别、前往学校的距离），并且比较这两个群体。 （4）学生能够区分可再生资源、不可再生资源或流体资源。例如，能够设计并开展一项针对学生、家庭和社区其他成员的调查，来评估他们对各种资源的利用情况；能将资源分为可再生资源（如木材）、不可再生资源（如石油）或流体资源（如流动的水或风力）。 （5）学生能够展示社会发生了什么变化，如能够以采访社区年长的成员为基础，编写一个"它是如何变化的"图文并茂的故事。
5 ~ 8	（1）学生能够学会识别社区居民反映的文化背景，例如，能够找到证据证明自己的社区是否有来自世界不同地区的移民（例如，在电话本中查找姓氏，去民族餐厅、商店或俱乐部中找到证据）。 （1）学生能够识别和描述居住模式，例如能够组成几个学生一起的策划团队，通过调查社区的形态，结合团队的主题设计出新的聚落形态。
9 ~ 12	（1）学生能够比较个人心理地图，确定其偏好和对发展空间的影响，如能够分析人们喜欢在某地居住的因素（如通过对社区进行调查问卷分析）。 （2）学生能够用模型分析空间组织及地区之间的联系，如能够进行社区调查，以验证Christaller的中心地理论。 （3）能够说明人类对自然灾害的不同看法和应对方式，例如通过在当地社区访谈，来评估人们对自然灾害的态度、观念和应对措施（如宗教信仰、社会经济地位、以前的经验等）。

2. 美国"田野"教育深受学校重视，并形成成熟的教学模式

美国各州在下属地区普遍设有户外教育中心，以协助学校教育。户外教育涉及的科目不仅有地理，还有美术、科学、历史、体育等。户外教育根据时间分为短途和长途两种，其中长途需要留宿的叫留宿式户外教育（resident outdoor education）。许多学校的课程计划中设置了留宿式户外教育这一项课程内容，深受学校重视，并已形成较为成熟的教学模式，为我国的地理"田野"

式教学提供了多方面的借鉴。留宿式户外教育的组织环节，概括起来有以下6项。

（1）制定此次户外教育要达到的教学目标。有了教学目标才能选择更有代表性的地理区域进行"田野"考察。

（2）确定户外教育项目。根据教学目标和考察地区的实际情况，安排科学合理的项目。

（3）确定协调组长。组长主要负责制订计划、分配任务、考察教学场景、联络家长等工作。

（4）筹备资金。具体包括筹备交通费、饮食费、住宿费，分配工作、工作人员工资等。

（5）分配工作人员。担任该科目的教师一般都熟悉户外教学场景并掌握一定的户外教学技巧，能够胜任户外环境教学。学校也会利用户外教育中心提供的工作人员来减少师生的比例（一般教师与学生的比例为1:10）。此外，一些社团组织人员或家长志愿者经过考虑之后也可加入工作人员的名单，但家长志愿者必须忽略自己家长的身份，而是以教师的"助手"出现。

（6）落实后勤保障。如安排饮食、住宿、会议场地、医务人员，以及准备教学活动材料和装备等。

留宿式户外教育的组织形式：一般来说都是授课班级的教师负责管理整个班级；但如果是多个班级一起参与户外教育活动，学校的教师与教辅行政人员可能会与某些户外教育活动地区的负责人一起管理，或者直接交由户外活动中心的工作人员负责。因此，户外教育一般有三种组织形式：教师-学生组织模式，学校管理员-教师组织模式及学校-户外教育中心组织模式。

留宿式户外教育的时间：可安排在周末或假期举行，具体有夏令营、冬令营、春秋季野营等。自户外教育发展以来，留宿式户外教育一直是户外教育的重要组成部分，得到社会的认可，也备受教师、学生及家长的欢迎。

3. 美国社会提倡地理"田野"教学，野外学习项目百花齐放

在网上搜索"outdoor education"或者"fieldwork learning"，笔者发现不断涌现的、迎合不同需求的野外学习项目正在如火如荼地开展。组织形式分为学校内部组织、校外公益性机构组织和校外营利性公司组织。校外营利性公司组织的地理"田野"式教学，类似我国如今盛行的夏令营、冬令营或主题旅游。

因此，本书列举两个案例（表 5-4），分别代表我国开展不多的两类组织形式，即校外公益性机构组织的地理"田野"式教学和学校内部组织的地理"田野"式教学。

表 5-4　美国地理"田野"式教学案例

学习项目	特点
草原森林环境学习中心推出的各类学习项目	组织非营利性；对象为社会全员；各项目有共同的主题——环境保护；活动经费除社会公益资金外，还可以通过与营利性公司的相关项目合作获得
对社区中一块空地的有效利用	由学校教师组织；对象为 6 至 12 年级 11 至 18 岁的学生；时间为两个小时；教学最终目的是让学生学会将地理运用于实际生活；活动在学校附近的社区进行，方便安全，且无须经费

（1）校外公益性机构组织的地理"田野"式教学。

草原森林环境学习中心是一个非营利性组织，坐落在明尼苏达州的农村。中心基地占地 33 公顷，有森林、草原，并提供水质检测的设施，以及一个下午的入门课程。学习中心有各种各样的计划，旨在让学生在户外学习关于环境方面的知识。草原森林环境学习中心始建于 1992 年，第一年接待了 800 人左右，到 2010 年，参加环境学习中心计划的人已达 2 万人。从学龄前的儿童到成年人，都可以参与。在 2011 年，学习中心动员了 200 多名学生，参与倡导可再生能源的活动。学生按计划在学校设立堆肥箱，沿着他们的社区小路安装太阳能灯。其中一个表现最优秀的学生团队，赢得了 5 万美元的奖励。

（2）学校内部组织的地理"田野"式教学。

"对社区中一块空地的有效利用"是"田野"式教学地理课的一个小节主题。由学校教师组织，对象为 6 至 12 年级 11 至 18 岁的学生，时间为两小时。学习目标是：学生能描述并绘制出社区某区域的文化和自然特性；学生能进行实地考察；学生能提出完善该地区功能的建议。最后以户外笔记的质量和最终绘制的地图的完整性来评价学生实地考察的表现。以下是学习过程：①让学生确认并绘制社区中某个需要重建的区域；②向学生解释社区该如何合理地使用某一个区域；③让学生进行实地考察，并写出观察日记；④让学生绘制一个地图。要求学生用他们在实地考察中所学到的知识绘制一个新的地图，地图中要体现这个地方的地理特征。

（二）美国户外实践教学探源与例析

1. 美国户外教育的历史渊源

户外教育是一种具有深远文化基础和丰富实践影响的教育理论主张，美国户外教育学者认为，有两个主要背景因素会影响美国现代户外教育的发展。

（1）社会经济因素的影响。

美国在1930—1960年间，经济上出现了两次大衰退，第一次是20世纪30年代的世界经济危机，波及了美国社会的各方面；第二次就是第二次世界大战期间，美国在提升综合国力的同时，也产生了一系列社会问题，其中不得不面对的就是野营教育问题。在美国经济危机时期，许多儿童得不到很好的安置，常常栖身于脏乱的贫民窟。野营学校认为户外教育能为儿童提供一个充满新鲜空气与阳光的居住条件。此外，经济危机还使得美国政府对当时的教育目标做出了较多改变，主张重新修订课程，制订新的教学实验计划，其中就包括野营教育（或户外教育）。随着经济危机程度不断加剧，匮乏的自然资源严重影响了美国经济持续发展，于是，越来越多的人开始关注野外森林资源、煤矿资源及野外自然生活，使得保守教育受到极大的冲击，而与之相对的户外教育开始得到较快发展。

随着第二次世界大战的到来，美国人民的生活水平得到较大提高。由于上班工作时间较短，大部分工薪阶层劳动者的休闲时间逐渐宽裕。第二次世界大战结束后，一部分人在电视机前消磨光阴，另一部分人则去自然户外环境中寻找乐趣，在自然活动中接受环境教育。特别是近年来，美国家庭式野营现象越来越多，因此户外教育也随之得到重视与推广。在美国，许多自然保护区都成了户外教育的基地，方便学校进行户外教育活动，进而推动了户外教育顺利发展。

（2）美国教育自身的影响。

19世纪初，美国户外教育开始兴起。户外教育开始是由学校组织野营发展起来的。在早期西方人文主义思潮的影响下，户外教育得到强大的思想理论支持。早在文艺复兴产生时期，人文主义思想家冲破禁锢，同教育家一道提出用人文教育思想。把儿童视为学校教学中心的教育理念，直接推动了学校户外教育的发展，让儿童参与到自然户外活动中来，参观田野、生态农场等，可以给他们提供一个真实存在的自然物质世界及具体的精神世界，以培养他们正确的世界观和人生观。

社区学校的提倡也对户外教育有着重要的影响，一般美国社区学校追求团体与合作的精神，户外学习能够很好地补充社区生活的直接经验，学校的社会角色会被重视，因而户外教育环境成为整个学习环境的一部分，教育者和受教育者也都走出教室进入社区"教室"来进行教学活动。由此可见，美国的社区学校成为构建户外教育的另一个重要保障。

总之，美国的社会变革与经济发展促使科技与生产力的进一步发展，影响了社会关系的各个方面。美国公民关于平等、自由的原则面临着极端主义思想的挑战，使得学校被迫去尝试加强民主教育的价值，也使得自然环境户外教育为学校提供了可供试验的场所，同时社会变革和经济发展也极大地促进了户外教育自身的发展。

2. 美国户外教育成熟的教学模式例析——留宿式户外教育模式

美国各州在下属地区普遍设有户外教育中心，以协助学校教育。户外教育涉及的科目除了地理学科之外，还有体育、科学、美术等其他学科。户外教育可分为短途户外教育和长途户外教育。一般而言，长途户外教育需要留宿，因此也称为留宿式户外教育。

留宿式户外教育是指为了方便完成户外教学的任务，在户外教育中心居住一定的时间的教育方式。这样的教育方式为教师和学生提供了更多接触机会：吃住都在一起能使教师用不同的视角（如社会的角度、教育的角度及个人的角度）来观察和理解学生，因此，也可以更深入地了解学生，与学生建立理解、信任的良好关系；对学生而言，留宿式户外教育，不但能激发自信意识和独立能力，而且可以为学生间相互合作、团结学习提供更多的机会，提升学生的团队精神及积极向上的生活态度。美国许多中小学在课程计划中都设置了这一项课程内容，深受学生喜爱和学校重视，并已形成较为成熟的地理教学模式，可为我国的科学课程户外实践教学提供切实可行的借鉴。

（1）认真规划留宿式户外教育的组织环节及步骤。以保障留宿式户外教育活动顺利有效地进行。

落实户外教育活动后勤保障工作。这一环节需要考虑以下具体的几个方面。

住宿问题。留宿式户外教育活动提供的住宿条件主要是乡村较简单的小木屋或是较为现代的旅馆。一般来说，在外教学计划中要尽可能给学生安排较为舒适的休息场所。

饮食问题。学生能否自备食物，学校工作人员是否参与学生饮食准备工作，或者由教育中心全权负责全体人员的饮食供给及饭后垃圾清理工作等，这样的问题都要依据留宿式户外教育计划来进行协调。

会议场地的选择。由于大部分教学活动都是在户外场所进行的，因此，一个宽敞的会议场地就显得非常有必要，室内会议场地还可以用于组织学生游戏，完成相关团体作业等。

后勤人员及活动材料的确定。后勤工作人员主要来自学校的任课教师或相关工作人员，他们并不一定能胜任留宿式户外教育所有的工作，因此，后勤在这一方面需要做出科学可行的安排（如是否需要配备相关医务人员等诸如此类的组织计划安排）；留宿式户外教育教学中需要用到的材料都要纳入活动计划中，归纳所需活动物品的清单，做好材料设备的资金预算。

确定留宿式户外教育场所。由于留宿式户外教育活动将会涉及诸多学习场景，所以，凡是参与户外教育活动计划的教师必须认真进行实地考察并选择教育教学场景，主要考察依据是：住宿条件，包括现代化宿舍或乡村小木屋，以及相应的卫生设备；饮食设施，包括相关人员座位安排及配套桌椅的数量、饮食口味的选择及其他相关服务工作；会议区，主要包括室内会议室与室外临时休息场所；户外教学场地，主要包括海洋、河流、溪谷、沼泽、农场、采石场、田地、森林、草原、历史遗迹等；其他主要事项，如提前了解户外教育中心工作人员的管理能力及是否购买相关保险等。

制定行程安排表。一般来说，当留宿式户外教育的计划和相关活动确定后，必须制作一个行程表以方便户外教学活动的顺利开展。留宿式户外教育一般安排在周末或寒暑假来开展。

（2）留宿式户外教育活动组织形式。一般来说，最为常用的户外教育组织模式是任课教师—学生组织模式。在此组织模式中，需要任课教师与学生本人来共同制订相关教育计划及活动内容，教师也必须全面协调整个教学过程；

同时，所制订的户外教育计划及设想的教学效果必须与学生家长进行沟通，并争取得到学生家长的赞同。总之，随着户外教育的逐渐发展，留宿式户外教育成为美国户外教育的重要组成部分，获得了社会的广泛认可，也备受学生、家长及教师的欢迎。

表5-5　美国留宿式户外教学模式概况

教学实践安排	周末或者寒暑假
教学组织步骤	制定户外教学目标→安排户外教育内容→确定户外教育主要协调人员→筹备活动资金→分配户外教育工作人员→落实户外教育活动后勤保障工作
教学组织模式	任课教师—学生组织模式 学校管理人员—任课教师组织模式 学校管理人员—户外教育中心组织模式
社会影响	获得了社会的广泛认可，也备受学生、家长及教师的欢迎

（3）留宿式户外教育实践教学案例。户外教育的实践活动必须要与教育计划、教学目标相统一。假如有学生在参加留宿式户外教育活动之前，有短时间户外旅行的经历，那么这对学生来说将会大有益处，否则在教学计划活动刚开始时，不容易跟上教师户外教学的步伐。通常在户外教育课程的安排上，教师比较乐于和学生一起进行商讨，同时也往往会为学生所制订的活动计划而感到吃惊。户外教育所涉及的科目广泛，例如，在小学高年级阶段，教师在进行户外教育活动时，会对地理科学和自然科学设置如表5-6的教学内容计划。

表 5-6　美国小学高年级地理科学和自然科学户外教学内容计划

	地理科学	自然科学
总体教学目标	将在野外考察发现的岩石样本的各种特性制成表单，并且能够描述岩石的主要矿物成分。描述岩石的形成历史，以及它们对土地形成过程中的贡献	了解当地常见的动物与植物。解释动植物之间相互依存的关系
总体教学目标	描述风与水侵蚀的主要原因及影响，并就如何控制此类自然灾害提出建议。了解一些常见的星座。选择一些运动的天体了解它们的运动方式，例如行星、彗星及月球。观察各类工具是如何预测天气的。学会使用温度计、晴雨表、风向标、雨量测量器描述天气并预测天气	描述种子传播的主要方式。描述植物在美国不同年代的用途
具体要求	搜集并观察当地常见的岩石，仔细研究它们的各种特性和组成成分，并通过书本来进行考证。从不同地区采几个土壤的样本并分析这些土壤的成分（沙子、泥土、沙砾等各成分的比例）。测试土壤的酸碱度及营养成分（如碳酸钾、氮.磷）。访问某个采石场，试着寻找化石。穿越溪谷，观察露出地面的岩层、土壤的种类及侵蚀所造成的影响。在不同的地形高度上研究土坡的倾斜度。观察夜晚天空中经常出现的星座并绘制简图。用天文望远镜观察月球。绘制记录月亮状态的图表。寻找流星现象。对星星拍照，显示其在不同位置的种种变化。绘制一幅图，要求显示太阳及围绕它转动的其他行星的位置，然后在夜晚寻找这些行星。观察云并绘制简图。尝试建立一个小型气象站，并亲自制作测量天气变化的相关工具。用天气测量工具测量空气中的温度、气压、降雨量、风向及其速度。绘制一份显示当前天气情况的图表	认识当地动植物，包括各类花、草、鸟、树。搜集常见树叶并做成标本。将动物的脚印做成石膏模型。绘一幅风景图，并详细绘制树木与植物的细节图。用显微镜观察植物的各部分。尽可能搜寻自然界的食肉动物。为动物建立简易庇护所。观察动物习性并做野外笔记。找一个鸟巢，观察其构造，并在大自然中寻找动物的居所。构思一个动物饲养所。了解当地鸟类及其他动物的叫声。用植物、动物的产品制作食物器皿、绳索、口哨、钓鱼竿等物品。聆听夜晚动物的叫声。绘制动物食物链。研究当地四季的变化，并就此变化制作一份记录表格。在一片小空地上种植自己喜爱的植物

（4）室内教学与留宿式户外教育相辅相成。户外教育活动并不独立，它不会排斥室内常规课堂，户外教育活动与室内常规课堂二者是紧密联系的。通常，教师在完成户外教育活动之后，会重新返回室内常规课堂。在返回常规课堂之后，必须组织学生做好户外教学的后续工作。为了能顺利进入下一个教学环节，教师一般都会要求学生总结在留宿式户外教育中所考察到的自然知识。学生会根据教师的要求，主要进行以下课堂活动：

对在户外教育活动中搜集的标本进行分类整理，加以科学合理的论证。

分小组继续探讨在户外自然环境中没有得到合理解答的问题。

举办一场户外学习作品展，并尝试为低年级班级准备一次留宿式户外教育活动的规划并提醒相关注意事项。

写一封感谢信给为此次留宿式户外教育付出辛劳的教职员工。

投一篇关于此次留宿式户外教育活动的文章在当地的报纸上。

评估此次留宿式户外教育所达到的目标。

总结此次留宿式户外教育的经验，发现活动中的不足与缺陷，以便下次留宿式户外教育活动能够更好地开展。

四、美国中小学地理"田野"教育的启示

（一）转变观念：地理"田野"教育并非只是口号

我国《课程标准》中强调的"学习对生活有用的地理""重视对地理问题的探究"与美国国家地理课程标准中强调的"地理为生活""做地理"异曲同工。历数我国地理课程标准活动建议中的"田野"教育，与美国国家地理课程标准中建议学生走出教室去学习的部分进行对比，不难发现，两国都对走出教室的地理教学提出了调查、访谈等教学建议。然而，与课程标准中对地理"田野"教学的高度重视形成巨大反差的是，我国现实的地理教学并没有走出教室，走向"田野"。其原因是多方面的，但教学观念的保守是最本源的因素。

社会媒体报道的户外教育安全事件给学校和家长带来很多压力；教师自身由应试教育培养而来，多数教师的观念也带着应试教育的影子。在这样的社会氛围下，地理"田野"教育成为课程标准中的空头口号，质疑的声音压抑着中

学地理"田野"教育的发展。因此，转变观念，将课标中对"田野"教育的建议真正落实在教学实践之中，是发展地理"田野"教育的第一步。

（二）扩宽思路：地理"田野"教育的组织者并非只有教师

从美国的中学地理"田野"教育实践中，不难发现，中学地理"田野"教育的组织者不仅有学校，还有教育部门、旅行社、家长，以及这些组织者的联合组织。参与组织的人员可以是地理教师，也可以是学校的其他工作人员，如其他科目的教师、班主任、行政管理人员；在职的工作人员，如教育部门或旅行社的工作人员；其他人员，如学生家长、高校学生、社会各行各业的志愿者等。

对学校附近的"田野"教育，可以由教师自行组织，对于长途的野外考察和调查，学校可以联合家长及旅行社进行。另外，学校也可以与公益性组织联合，目前我国大部分地区相关的公益性组织尚未兴起，但在上海、北京等地已经初露端倪。因此，在中学地理"田野"教学的实施中，要扩宽教学组织方式的思路，联合社会各方面的力量。

（三）增强弹性：中学地理"田野"教育的教学时间并非只有地理课

要将学生带到户外，单纯依托每周几课时的地理课是很难实现的。一些富有探索精神的地理教师，会利用短暂的地理课时，在校园内进行简短的"田野"教学。但实施起来也非常困难，一节地理课可以讲清楚一个知识点，实施户外教学则需要三个课时。教学时间不足，成为阻碍我国中学"田野"式教学发展的重要原因之一。

美国的课时安排虽与我国不同，但其地理"田野"教学时间的安排也给我们带来很大的启发。中学地理"田野"教学的持续时间可以是十几分钟、几个小时、几天，甚至几周。安排形式上可以是社团活动、综合实践课程、选修课、寒暑假、秋游、春游等。因此，增强教学时间的弹性，将"田野"教学灵活地与其他校园活动相结合，将为地理"田野"教学带来更多实施空间。

第二节 地理"田野"教育学习心理研究

一、KOLB 学习圈理论

1984 年，美国教育家大卫·库伯出版了《体验学习——让体验成为学习和发展的源泉》一书，创造性地吸收了杜威、皮亚杰等学习理论成果，经哲学、心理学、生理学等多方面论证，提出了四阶段体验学习圈模型，也称作 KOLB 学习圈理论。KOLB 学习圈是由四个基本阶段构成的完整的学习系统，即具体体验（concrete experience）、反思观察（reflective observation）、抽象概括（abstract conceptualization）和主动应用（active experimentation），如图 5-1 所示。

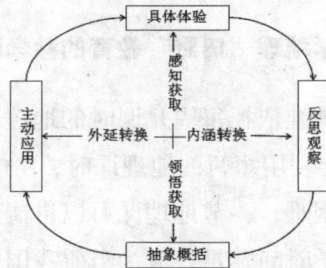

图 5-1　KOLB 学习圈

首先，学习者通过亲身参与产生了初步的体验；其次通过对亲身体验进行分析和思考，明确自己学到了什么，发现了什么；再次，学习者把反思和观察到的结果进一步抽象化，形成一般性的结论；最后，学习者在新的情境中检验结论或理论假设的正确性、合理性。学习圈理论指出，学习者具有两种不同获取体验的方式：一是感知，即具体体验；另一种是领悟，即抽象概括。体验转换涉及两种不同的加工方式：内涵转换与外延转换。前者通过反思观察而缩小内涵的过程，后者通过应用迁移而扩大外延的过程。

二、初中地理"田野"教育与
KOLB 学习圈理论的适切性

通过对 KOLB 学习圈理论的研究，结合地理学科实践性的特点，可以发现初中地理"田野"教学与 KOLB 学习圈理论之间的适切性，从 KOLB 学习圈视角去解读初中地理"田野"教育，为教师进行"田野"教育提供了一个基于教育心理学的全新视角。

初中地理"田野"教育与 KOLB 学习圈理论适切性的核心就在于"体验"二字。地理学有综合性、地域性、实践性等特点。正如大卫·库伯呼吁的那样，"体验是学习和发展的源泉"。注重学生个体的体验，是贯穿地理"田野"教育的宗旨，其理论基础为体验课程论。大卫·库伯曾提出这样一个问题："你怎样能让一个从未吃过梨的人知道梨是什么味道呢？"单纯地描述梨的味道，是苍白无力的。只有让他真正尝一口，亲自品尝梨的味道，这个问题才能彻底地解决。地理中许多规律和现象对学生来说是陌生的。"田野"教育让学生充分地感知真实的大自然，变教材中抽象的内容为自然界中形象的事物，真正"尝一口梨的味道"，学生才能得到彻底、全面的认知。

（一）体验学习圈

体验学习圈（experiential learning cycle）将学生的体验学习过程，划入分为若干阶段的教育框架。由于体验学习圈揭示了体验与学习之间的相互关系，可以启发户外教育者在组织和实施户外体验活动时遵循体验规律，因此，体验学习圈成为户外体验教育领域内的基础学习原理。大卫·库伯所提出的这个学习模型构建了科学化、程序化的体验过程，也使得其在户外体验教育范围内被积极引用。四阶段体验学习圈所界定的学习方式，是基于学生学习体验的连续过程，包括具体体验（concrete experience）、反思观察（reflective observation）、抽象概括（abstract conceptualization）和行动应用（active experimentation）（图 5-2）。

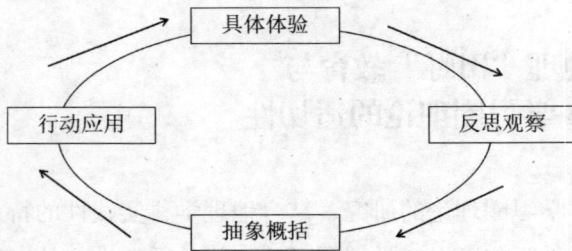

图 5-2　大卫·库伯的体验学习圈

（二）体验学习的过程机制

从体验、观察、概括到应用四个相适应的体验学习阶段，学习者依次体验了从感知者、观察者、思考者到实践者的角色，突出了体验学习者要经历非常紧张的解决自我冲突的过程。在这个体验学习圈的循环过程中，学习者既要感知自然环境又要思考可能的风险，既要反思观察还要做出行动。这样，具体体验与抽象概括、反思观察与行动应用就形成了两对辩证统一的关系。同样，学习者也正是在解决自我矛盾的过程中获得了有意义的学习效果。这两个不同维度的冲突，恰恰能够很好地反映出体验学习的机制原理。

根据来源可以将人类经验分为两种，即直接经验和间接经验。但在传统教学观点看来，间接经验与直接经验、学科知识与个人经验之间是对立的关系。这是在二元思维下人为割裂它们之间关系的结果，它的本质是理性与经验的对立。学生在户外体验学习的过程中，具体的感官体验是通过真实存在的具体觉察来获得的直接经验，大卫·库伯把这种直接经验称为感知（apprehension）；而抽象概括过程，就是使学习体验者深入内心，并通过概念解释或者符号描述

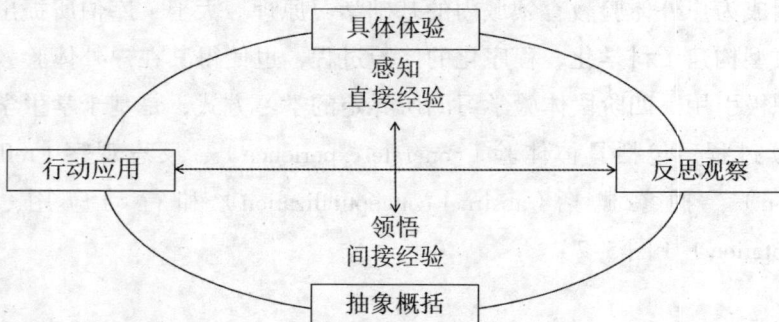

图 5-3　体验学习过程机制—感知与领悟

所形成的认知过程，称为领悟（comprehension），它能获得间接经验（图5-3）。

因此，我们要清楚地认识到户外体验学习，不仅要重视根据感官体验所收获的直接经验，还要重视学生通过抽象概括所获得的间接经验。感知经验和领悟认识二者是密不可分的，知识也是从两种不同形式的认识中获得的。体验学习圈原理继承和发展了美国教育家杜威关于经验连续性的教育哲学思想，户外体验循环过程加速了儿童户外体验改造与重组过程。所以，需要特别注意的是，体验学习圈，并不单纯是从具体体验到行动应用的一个阶段，也不是一个平面循环，而是一个螺旋式立体上升的过程。到行动应用阶段也就意味着新的体验又将开始，从具体体验开始阶段再到又一轮的循环阶段。这个过程是持续性的，它经历的时间可能是数秒到几小时或更长时间，但每次的户外体验与前一次的户外体验之间有很大程度的不同。从这个意义上讲，所有的户外体验学习都是一个全新的学习过程。

简言之，学习圈理论所强调的个体体验正是地理"田野"教育的基础，学习圈理论也可用于对学生的户外学习过程和特点进行心理学层面的剖析，为教师进行"田野"教育提供一个基于教育心理学的全新视角。

三、KOLB 学习圈视角下的初中地理"田野"教育

（一）具体体验

具体体验阶段是指学习者通过亲身参与而产生体验，学习者获取经验的方式为感知获取。初中地理"田野"教育中的具体体验可以分为两类：①野外认知类。一些在教室里学习较有困难的地理概念、现象、过程的野外认识，如流水地貌、垂直地带性分布等的实地观察、记录内容，可以将学生带领到真实的自然情景中去真实地体验和感悟。②调查研究类。是带着一些研究性问题的户外考察和研究，如对家乡土地利用类型的调查、对家乡河流污染情况的调查。

在此阶段中，教师要使学生积极主动地与同学、教师互动，在互动中获得新的经验，并将新旧经验结合起来。学生完全投身于学习之中，放开自己，积极主动地投入经验情境中，感受学习的乐趣，从而有效促进高级认知能力的发展。

（二）反思观察

反思是学生建构新知最关键的一个阶段。学生依据以往的经验、知识和理念对第一阶段获得的具体经验进行反思，缩小内涵，探求资料间的相关性，认识活动与结果之间的关系。初中地理"田野"教育中，教师作为教学的主导，学生的反思具体体现在教师设计的问题上。《地理教育国际宪章》提出地理学的六类问题为："它在哪里？它是什么样子的？它为什么在那里？它是什么时候发生的？它产生了什么作用？怎样使它有利于人类和自然环境？"教师可以以此为依据提出问题，引导学生进行反思。问题的解决难度从前到后应该呈逐步提升的态势。问题可以在参观的过程中或者参观之后提出。对这些问题的思考将使学生对地理有更新颖、更具体、更深层次的认识。

KOLB 指出反思大致分为两类：一是发生在具体体验之中的反思；二是发生在具体体验之后的反思。在体验之后的反思是一种突破性的反思，学生学习的突破性转变通常发生在这一阶段。学生通过反思发现当前的经验和原有知识经验之间的关联，并获得新的理解和认识。

（三）抽象概括

在抽象概括阶段中，学生在对自己的经历回顾和反思的基础上，将思考的方法与知识经验进行归纳和总结，并且总结出体验情境中行为和结果的关系，抽象出一种较为合理的概念并获得新的知识。这个过程是将感性认识上升到理性认识，在此过程中，学生通过领悟获取经验。每个学生的感受都是不同的，都印刻着他们不同的生活和学习经验，因此，在"田野"教育中，教师要善于引导学生在反思的基础上，对这些感悟、经验进行深度的归纳和整合，从而帮助学生进一步厘清经验活动的成果，使学习结果由感性上升到理性。

（四）主动应用

在这一阶段，学生的主要任务是通过实践的方式来干预新情境的发生，学生将在新的情境中检验结论或理论假设的正确性与合理性。在主动应用中通过迁移，扩大外延，获得经验。这一阶段又成为一个新的具体经验，成为进一步反思的起点。

虽然大卫·库伯在其著作中强调，主体感知和体验可以是直接的，也可以是间接的，但是在地理"田野"教育的四个阶段中，具体体验和主动应用两个阶段提供给学生的情景，至少有一个必须是真实的。置于野外或其他非教室场所的情景，并非模拟的、替代性的情景，否则便弱化了 KOLB 学习圈所强调的，学生"主体体验"之"体验"的含义，也将偏离地理"田野"教育的"田野"对学生地理素养培养的重要价值。例如，人教版地理七年级上册的"地形图的判读"一课，在地形与等高线的教学中，教师可以先用图片辅助讲解地形与等高线的理论知识，也就是间接的具体体验；再将学生带到校园附近有山地或丘陵等地形的区域，运用理论知识将眼前的地形用等高线表示出来，也就是在真实环境下的主动应用。教师也可以先将学生带到野外，用原有的知识经验尝试画出表示该区域的等高线，也就是直接的具体体验；再给学生详细讲解地形与等高线的理论知识，并展示其他区域的地理景观图，将知识迁移应用，通过扩大外延来获取知识。这里的主动应用就是真实情景下的应用。

值得注意的是，KOLB 学习圈不仅仅是图中所示的平面循环，并不是每次循环之后又回到原点，而是一个螺旋上升的过程，从具体体验，到反思观察，再到抽象概括，最后主动应用，之后再次进行新的具体体验，此时的具体体验是带着学生新的经验而进行的。因此，所有的学习，都是崭新的学习。学习圈也并不是僵化的，学习可以从任意一个阶段开始展开，也可以将四个阶段交叉进行，但是这些学习活动都必须完成 KOLB 学习圈的循环才能使学生的感知和领悟内化。正如在初中地理"田野"教育中，根据学习内容的不同，教师会设计先反思后体验，或体验与反思交叉进行等不同的教学方式。

第三节　地理"田野"教育的几种典型方法和模式建构

教学方法是指在教育教学过程中，为了达成一定的教育教学目标，完成教学任务并实现学生的教育性发展，所采取的教与学相互作用的活动方式的总称。

它既包括教师的教法，也含有学生的学法，以及教与学相整合的方法。在任何形式的教育教学中，教学方法都是不可忽视的一个要素。教师运用不同的教学方法，会产生不同的效果。

在研究地理"田野"教学方法之前，首先应该明确这里的"田野"主要是指教室以外的其他场所，不仅是指自然野外，也包括家庭、科技馆、社区等场所。地理"田野"户外教育作为一种"走出去"的教育，同样注重教学的方式方法。我们所说的这种"走出去"的教育是利用各种户外资源，包括自然环境、社会环境等课堂中没有的资源，使学生具体感知所学知识，或是论证课堂上教授的内容，将外界知识内化，从而帮助学生构建自己的知识结构体系。

针对初中阶段的学生，同时鉴于地理学科特色，提出以下几种地理户外教学方法。在教育教学中要根据教学内容合理选择运用其中的一种或几种。

一、地理"田野"教育的典型方法

（一）地理"田野"探究法

1. 概念及理论

靳玉乐在他主编的《探究教学论》一书中，给出了"探究"一词的详细解释。广义的探究泛指一切独立解决问题的活动，而狭义的探究专指科学探究或科学研究。靳玉乐认为科学探究是一种过程、一种技能，其本质是一种思维过程。现代教育中缺乏的就是这样一种科学探究式的思维过程，因此在 20 世纪 50 年代美国掀起的"教育现代化运动"中，美国芝加哥大学教授施瓦布在一次报告中提出了科学的探究教学。他认为教学应该参照科学家进行的科学探究，使教师的教和学生的学都呈现探究的过程，让学生能够像科学家一样在探究过程中主动发现问题、解决问题，并提高思维能力和获取知识、解决问题的能力。从科学探究的角度看，探究教学本身既是一种思维方式，也是一种实践过程。一般的课堂教学或许可以呈现探究的思维过程，但不能很好地完成其实践过程。地理"田野"探究法实际上是一种区别于课堂探究教学的户外教育方法，它可以弥补课堂探究中无法实现的教学环节和实践内容。

"田野"式地理探究法有强大的理论支撑。以皮亚杰为代表的建构主义认为学生的学习不是被动接受的过程，而是在自己已有知识经验的基础上主动添加构建知识体系的过程；知识也不是绝对正确一成不变的，而是随着人类认知和世界的发展不断发展的。因此，学生需要掌握的不仅是结果（知识），更重要的是获得正确结果的过程（探究方法）。人本主义教育观是另一个理论支撑，认为"人"才是教育中的重点，教师只是学习活动的主导，学习活动的主体是学生，强调"以学生为中心"的教育思想。而探究法则是能够充分展现"以学生为主体、教师为主导"教育思想的一种重要方法。

2. 地理"田野"探究法的基本途径

根据学生在学习过程中内在心理机制的差异，可将地理"田野"探究法的实施分为如下基本途径。

（1）观察—发现。视觉上的观察是发现问题最基本的途径。思考固然可以提高思维能力，也是发现问题的重要方法，但这都是有基础的思考。发现问题不能只凭大脑简单的想象，想当然地提出问题，总要有视觉上的"眼见为凭"。课堂教学中要以观看文字、图片为凭，户外教学中要以真实地理事物想象为凭，这是发现问题最直接的途径。

（2）尝试—发现。"尝试—发现"来源于尝试教学法。尝试教学法是江苏常州教研员邱学华对国内外先进教学法进行分析对比，选出自学辅导法和发现教学法进行研究所创造出来的教学方法。该教学法应用于课堂教学中的核心思想是"先练后讲"，学生进行尝试阅读、尝试操作、尝试练习等之后，教师对尝试中出现的问题进行指导教学。

而应用于地理户外发现当中，则总结为"尝试—发现"的实施途径。问题产生于实践当中，学习是一个实践过程，只有不断尝试才能发现问题，尝试不论对错。张伟贤提出了"试误—发现"的教学途径：顺着学生的思路进行发现性尝试，通过引导，让学生发现错误，排除错误途径，从而另寻新途径来解决问题，发现规律，这也是"尝试—发现"的一个方面。

（3）对比—发现。众所周知，对比是两者或两者以上的事物相对照、总结事物之间联系或差异的重要方法。有对比就会有一定的发现。例如，对比我国南北方年降水状况，就可以发现南多北少，体现了地理的区域差异性；对比我国南北方降水对其当地植被的影响，发现南方多为阔叶林而北方多为针叶林，体现了地理事物的内在联系。这样的对比是对地理现象的对比，也是学生在户外学习中最容易发现的问题的对比。地理户外教学的环境是开放式。只要与学习内容相关，学生可以在不同事物、不同层次、不同思考方式上进行各种对比，提出多种问题，和同学及教师交流解决。

（4）迁移—发现。迁移是教育心理学上的概念，主要是指先前学习的知识和技能对新获得的知识和技能的影响，而此处的迁移是指将学校学到的知识与生活经验双向联系的过程。理论知识来源于实践，而实践是生活的一部分。"田野"式地理户外教学是走出教室、走向"田野"的教学，也是走进生活的教学。生活是验证知识最好的凭证。学生获得的知识最终都要运用到生活中去，因此，将所学知识与生活经验相结合或是在生活中运用地理视角观察事物都是发现问题的重要途径。

（5）启发—发现与上述四种发现途径不同，通过教师启发，让学生发现问题，虽然发现的主体仍然是学生，但实施启发的主体是教师。也就是说，如果仅仅针对"启发—发现"这一单一途径，教师是必不可少的。但是"启发—发现"具有其他途径方法所没有的优点：可以保证思考方向的正确性，以正确的思考方式发现有意义的问题，对于没有意义的问题及时判断否定，少走弯路。

3. 特点及意义

（1）从学科性质来说，地理"田野"探究法具有活动性与实践性的特点。它具有教育改革中《课程标准》强调的实践性与"生活化"的特点，不仅有利于培养学生的科学探究能力和地理思维能力，而且可以激发学生的兴趣，开阔视野，培养学生的动手实践能力。

（2）从户外教学内容来说，地理"田野"探究法具有主题性和专一性的特点。教师根据教学内容设计一个探究主题，学生就这个主题对相关问题进行探究活动。学生思维集中，拥有了足够的探究学习时间，可以深度挖掘知识。

（3）从学生的学习过程来看，地理"田野"探究法具有自由性与自主合作性的特点。这里的"自由性"并不是完全的自由，是有一定限制、区别于课堂教学的自由。户外探究与课堂地理探究不同的是，空间活动的扩展和视野的拓展。学生拥有足够的选择权，在一定范围内可以和任意同学交流学习，可以是个人探究，也可以是小组合作探究。在探究过程中遇到自己解决不了的问题，学生能够自发与同学进行交流或向教师求助，在获得知识的同时，也有利于增进学生之间、师生之间的情感。

（4）从教师的教学过程来看，地理"田野"探究法具有引导性与启发性的特点。现代教育理论和《课程标准》明确要求"以学生为中心"的教师引导教育。地理"田野"探究法符合现代教育理念且能深刻展现"以学生为主体、教师为主导"的思想。在户外探究中，视野开阔，思维拓展，教师的启发引导更容易实施，学生的兴趣容易被激发。

没有了课本文字和空间视野上的局限，学生的探究过程显得更为广阔。但这也是局限所在，不仅对学生的要求较高，而且也要考虑教师是否有能力掌控整个过程。

4. 注意事项

地理教师在组织学生进行户外教学，采用探究方法时需要注意以下两点。

（1）教学过程中，地理"田野"户外探究讲求的是过程，包括思维过程、操作过程（行为过程）等，结果的对错是对过程正确与否的检验。因此，教师不仅要注重探究结果，更要保证探究过程的顺利进行。同时多种探究方法应该相互补充，共同发挥作用。坚持以学生为主体的原则，突出学生的主体地位，对学生的引导要有足够的耐心和信心。学生探究过程中难免会有诸多困惑，会走岔路，这就需要教师给予正确有效的指导。

（2）具体操作时，教学内容要符合地理户外探究特点，具有可行性和实际意义。首先，要注意因"材"施教，也就是"选内容"。户外地理探究活动要根据教学内容来确定，不是所有的地理问题都适宜于采用户外探究的方式。户外进行的应该是课堂中无法实施或是无法得到论证的探究活动。

相关问卷调查结果显示，传授陈述性知识不适宜于大量采用探究式方法学习，而程序性知识和策略性知识的传授较宜于采用探究式教学方法。

其次，要注意"定主题"。选择的地理户外探究的主题要能够充分激发学生的学习兴趣。探究的核心是学生，如果探究主题不能引起学生的兴趣，户外探究法的实施就失去了意义。

再次，要注意"思难易"。蔡旺庆提出，问题并不是难度越大就越有作用，而是看问题的解决过程能否激发学生强烈的内驱力，引导学生孜孜以求，探究解决。问题应当与学生的实际水平相适应，是大多数学生通过思维、探究都能解决的。这是一个较为宽泛的标准。在地理户外探究教学中，需要考虑学生之间的"合作性"，即问题设置要充分考虑学生个人解决的难易程度，以及团队合作解决的难易程度。

从学校社会资源方面来说，主要应注意选址。户外教学地点的选择要符合探究主题。

（二）地图绘制应用教学法

地图是一种地理语言，是地理教学的重要工具。现今地图教学法多是指教师运用地图帮助学生对地理知识进行理解性学习的教学方法，这里的地图就是一种教学工具。《地理教育国际宪章》指出："应把地图的应用列为培养学生技能的主体要求。"《课程标准》中基本理念及内容标准中对地图的应用有明确的要求。吴玉华教师在谈到地图教学法时提到："通过课堂练习，学生虽然对地图有了些感性认识，但学生的课程较多，所涉及的知识面广，学生对课堂中学习的地图远远还没达到熟悉的程度。"由此可见，地图在地理教学中具有重要作用。

1. 概念及理论

地图绘制应用教学是指教师在进行户外教学中，教导学生通过绘制地图、观察地图等形式进行学习的教学方法。地图的定义不同，其类型的界定也就不同。陈宝亭给出了有关地图的较为严谨的定义：现代地图是按照严密的数学法则，用特定的符号系统，将地球或其他星球的空间事象，以二维或多维、静态或动态可视化形式，抽象概括、缩小模拟等手段表示在平面或球面上，科学地分析认知与交流传输事象的时空分布、数质量特征及相互关系等多方面信息的一种图形或图像，包括地图、景观图像、地理示意图、地理统计图、实物图和遥感图像等。而黄成林指出了在初中阶段使用的教学地图，通常是指专供学校地理教学使用的地图，可以分为课堂教学地图、地图册和课本地图三种。无论是何种地图，都有其存在的价值，而是不同地图的应用情况不同。地图绘制应用教学法针对的是中学阶段的学生群体，且是在户外教育形式下的教学方法，地图的绘制及选取比较简洁和明确。因此，在初中户外教学中，地图并不再局限于课堂地图，还包括适合户外运用的地图。

地图绘制应用教学是"教学做合一"思想、信息加工理论、多元智力理论及建构主义理论的具体体现。例如：从教师指导学生根据户外学习环境绘制简单地图到学生运用地图进行户外学习，体现了教、学、做统一的思想。阅读地图的过程可以看作提取、加工信息的过程，体现信息加工理论的内涵。不论是绘制地图还是利用地图都有利于学生空间思维能力的提升，而地理空间能力是人的多元智能之一。建构主义学习理论的基本观点认为，知识是学习者在一定的情境即社会文化背景下，借助其他人的帮助，利用必要的学习资料，通过建构意义的方式而获得的。而地图则是地理学习中必要的学习资料。因此，利用地图进行户外教学是十分有利的。

2. 方法运用

地图绘制及应用教学法涉及绘制和应用两个方面。在初中地理教学中，教师利用地图进行教学或是教会学生应用地图进行学习的情况比较平常，且具有明显的效果。但是地图绘制方面则有所欠缺。Doug Andersen 提到随着现代科技的发展，各种地图绘制技术也得到迅速发展，但即使是地理教师的自身地图技术修养很高，也不能在教学过程中得到期望的结果。因此，他提出了"社区绘图计划"，将动手操作绘制社区图作为一种户外教学的形式和内容，以提高学生的读图测量能力。

（1）地图绘制。根据教育心理学和教育学理论，不论在生理方面还是在心理方面，初中时期是学生发展地理能力的最佳时期。地图绘制不仅可以增强学生对地图的了解，培养空间地理能力和动手绘图能力，还能使学生在绘制编排的过程中提高一定的逻辑思维能力。

（2）地图应用。地图应用就是利用专业绘制的地图进行地理学习。地理户外教学过程中，教师要教会学生如何将地图中的表征符号体现到周围环境中。在课堂上，地图的应用只是"纸上谈兵"，远不如在户外环境中的体验。

不同的地理户外教育要采用合适的地图进行教学。例如，野外考察研究自然环境中，选择地形图；在社区人文环境学习时，选择人文布局图。

对不常见的地图图例与注记进行解释，以探究方式让学生利用地图进行实地观察、研究。

3. 注意事项

（1）正确理解方法含义。地图绘制应用教学法是为教学内容和目的服务的。地理教师采用此种方法时可能会出现因过多关注地图而忽略教学内容的问题，因此需要区分"地图绘制应用教学法"和"对地图的学习与应用"两种不同的概念。方法的运用目的是使学生获得知识和发展能力，所以教师在教学过程中对地图绘制的要求不需要像专业地图绘制团队那样复杂，能达到有助于理解和掌握内容即可。

（2）教师要有足够的地图知识和技能，可以做到在地图指导过程中收放自如，正确解答学生在地图运用中遇到的问题。

（3）学生自身要有关于地图的基本认知，以及对地图认识的严谨性，如对地图符号的表示、颜色的标准、地理事物术语的严谨表达等。

（三）游览参观教学法

1. 相关概念

David Lambert 与 David Balderstone 在其有关中学地理学校教育的书籍中提出了地理户外教育的策略。传统户外教育工作的策略是"excursion"，意为远足或是短途旅行，这种方法提高了受教育者的户外学习技能。国内对参观法的定义是教师根据教学任务要求，组织学生到自然界或社会场所，通过对自然、人文地理事象的直接观察而获得知识的方法。游览参观法是一种直接体验式教学方法，体验式培训的创始人 Kurt Hahn 也是当代户外拓展（Outward Bound）的奠基人。他创立的戈登斯敦（Gordonstoun）学校设置了多种户外教育内容，包括游戏、骑马、驾船、探险等。很显然，在国外，户外教育具有自由性、兴趣感，体现生活过程，而国内定义的学术感较强。因此国内在地理户外教学中可借鉴国外，取长补短，通过户外游玩、参观的生活过程体现地理的教育过程，达到教育目的。

2. 方法运用

游览参观教学适于在博物馆、植物园等环境下进行，多以培养学生的地理思想情感为主。浙江大学的翟俊卿在其有关户外教育的著作中就提到了"植物园教育"模式。该模式是主要通过对植物园、动物园等的游览参观学习，帮助学生获得相关知识的方法。

游览参观教学法，可以一边游览一边传授知识，也可以是在游览之后统一进行知识的讲解，但大体都是包含游览设计—游览准备—游览进行—感想交流几个环节。此教学法既有游玩的娱乐自由性，又要求在参观中进行观察和记录。因此，在参观游览之前先要制订计划，之后再选择合适地点进行教学。例如，要培养学生人地关系思想，增进学生对人与环境关系的理解，就选择公园、野外等可以进行短途游览的场所；要增进学生对人文地理的理解和认知，选择博物馆、展览馆等体现地理历史文化的场所。接下来在参观游览过程中，教师引导学生对事物进行观察记录。最后，指导学生将游览参观中观察记录到的资料进行整理汇报，与同学交流感悟。

3. 特点及意义

（1）具有趣味性特点。许多研究证明初中阶段的学生渴望与自然亲近，与户外环境的接触有利于提高学生学习兴趣。

（2）游览参观法将地理教育生活化。地理教师的作用并不是一味灌输理论知识。该方法以周围自然环境和社会为材料，使学生在体验乐趣的同时能够将地理与社会实际和生产生活联系起来，达到不一样的学习效果。

（3）游览参观法以亲身体验为主，体现地理情感观。在理论知识上，学生能够直观了解地理知识原理；在情感体验上，学生能够"感同身受"。

（四）科技辅助教学法

科技辅助教学法，顾名思义就是将科学技术运用到地理教学中的教学方法。课堂中多媒体技术就属于其中的一种。它可以使教师的户外教学更为简洁、高效。Welsh 等人总结提出为了巩固在户外的学习效果，教育实践者应该在户外教育中增加技术手段进行辅助教学。为此他们调查统计了不同国家地区在户外教育中使用技术手段辅助教学的情况，包括设备的选择、软件的应用等。结果是台式电脑和便携式电脑的被选择使用频率较多，尤其是在户外工作开始前和开始后应用最多，而数码相机和 GPS 的应用在工作中使用频率较多；在软件上，微软办公工具 MS Office tools、电子邮件 E-mail 和网络浏览器 Web-browsing 是常用软件，其他应用较少。

在运用科技辅助教学法之前教师需要考虑几个问题：首先，应该明确在地理户外教育中什么时候、什么情况下适合运用技术手段；其次，确定使用哪种类型的技术，主要是指硬件设施和软件类型的选择；再次，要充分明确使用这项技术的原因，对学生的学习会带来什么样的结果；最后，要了解在针对户外教育中使用这项技术可能遇到的阻碍。

户外技术手段主要用于测量、查询、分析等。初中地理在户外教学中能够运用到的技术主要是指 3S 技术：GIS（地理信息系统）、GPS（全球定位系统）、

RS（遥感）。

GIS 是进行地理数据的输入、输出、管理、查询、分析和辅助决策的系统，主要由数据库管理系统、图形处理与表达和空间分析工具组成。GIS 在户外教学中的应用多表现为 GIS 地图的应用。GIS 实践性强、灵活度大，户外数据的存储和分析也较为方便。

GPS 是全球定位系统。在初中户外教学中，可以使用 GPS 定位仪器，也可以借用手机等设备进行野外地理位置定位。

RS 含义是遥远的感知物体，不直接接触被研究的目标，感测目标的特征信息，经过传输、处理，从中提取信息，这个过程即为遥感。RS 技术在地理户外教学中应用较少。

与前几种方法不同的是，科技辅助教学法的实施主体是地理教师。地理科技手段是比较复杂的，没有经过专业的培训，很难掌握。但在初中阶段，教师需要掌握基本的使用方法，并尽可能地教会学生使用。在户外教学中科技手段可以帮助教学更高效地进行，节省时间，提高准确度。

二、地理"田野"教育的一般模式

开展地理实践教学，特别是野外考察类的实践活动，能够使学生走进大自然，体验自然科学知识的产生过程。了解自然环境及其发生的变化，对于学生加深对自然的认知和喜爱具有重要作用。同时，户外考察实践是一种对学生综合素质要求相对较高的学习方式。在户外考察过程中，学生会遇到各类问题，并要结合其之前的学习经验来解决。所以，在初中课程中实施户外观测考察不仅可以增加学生关于自然环境的科学知识，还可以培养学生包括户外实践在内的多元能力，有利于促进学生的全面健康发展。

一般来讲，教师在设计地理"田野"教学时，要完成确定户外考察主题、设计户外考察方案、户外考察前的准备工作、正式观测与考察、总结与评价等环节。

（一）确定户外考察主题

确定地理野外实践教学活动主题，教师必须综合考虑多方面的因素。首先要参照《课程标准》中的知识标准与活动建议，把握《课程标准》的具体要求。其次是结合教材内容，控制教学课程进展。由于受各种因素制约，关于地理户外实践活动的开展不能过于频繁，因此就要求教师选择适当的时间和恰当的主题来实施。所确定的实践主题要结合学生已有的学习经验进行，且选择适合的考察场所。

（二）设计户外考察方案

地理户外实践考察的活动方案设计必须遵循科学性、可行性、启发性、开放性及安全性等原则。科学性要求主题确定、参与方式、内容设计及实践场地都应当是科学合理的。可行性要求初中地理户外考察内容必须贴合初中生的认知特点，要符合《课程标准》所倡导的新理念；开展户外考察活动所需的材料设备、考察场地的安排都要具有实际可行性。启发性原则即要求学生在对户外考察实践之后能够形成感性认识，加深对自然环境的了解，能够透过自然现象发现一些地理原理知识。开放性原则要求在实施地理户外考察的教学过程中，不应该给学生设置过多的要求，让学生自主探究，合作学习，采用多元评价方式来评价学生的户外实践活动。此外，还需特别注意的就是安全性原则，走出学校之后，教师要时刻注意学生的人身安全，保证整个活动过程不出差错。

地理户外考察实践活动方案的设计内容主要包括确定户外考察目标、户外考察形式、户外考察内容、户外考察准备工作、活动总结评价等环节。在制订活动方案时要特别注意两点：一是优化确定户外考察地点，即在选择户外考察场地时，要对考察路线、交通工具、人员数量等多方面因素进行综合考虑。至于长时间、远距离的户外实践活动，则需要教师将活动过程中的食、住、行及安全问题做出细致而周到的安排。二是教师在确定户外考察的内容时，最好事先向学生提出考察过程中的注意事项，并在考察实践中予以指导。

（三）户外考察前的准备工作

初中地理户外考察实践教学前的准备工作主要涉及三个方面：一是物质方面的准备，罗盘、地质锤等地理工具、记录本及在考察过程中所需的其他设备；二是学生工作方面的准备，按照所制订的实践方案，将学生合理分组，并指定小组长；三是考察前的知识储备，教师应在考察前将考察过程中会用到的相关知识给学生进行讲解，然后再让学生在实际考察中将所发现的现象与课本知识进行对照，提升学生的户外实践能力。教师不仅要详细告知学生本次户外考察的时间、地点、形式、内容、任务等，而且要教会学生使用常见的户外考察工具（罗盘、放大镜等）。

教师在进行初中科学户外实践考察活动时，首先要进行预考察。也就是在正式带领学生考察前，教师应先考察活动场地，对场地的食宿、交通、具体考察路线等做初步了解，为制订科学可行的考察方案提供第一手资料，同时教师在预考察活动过程中，要尽可能发现可能存在的各种潜在危险因素，确保正式考察时的安全。预考察活动的主要目的是让教师充分考虑各种情况，包括各种突发状况，以保证考察活动顺利进行。

其次，根据户外实践活动的学生人数及需要完成的考察任务，将学生合理分组，确定小组负责人，并强调在户外实践考察过程中的纪律和安全问题。

最后，教师根据事先户外考察情况来编写考察提纲，并详细告知学生考察路线、集合时间及地点。教师还要发放相关资料，指导学生事先预习相关知识。

（四）正式观测与考察

根据教师制订的户外实践考察活动方案，来正式进行地理户外实践考察活动。在户外实践考察活动中，要体现学生的主体地位。教师将考察内容与关键要点告知学生后，要以学生自行考察为主。在户外考察过程中，应注意对学生进行适当的指导，鼓励学生之间及小组之间进行讨论交流。通过这一过程在户外考察中发现问题，并结合教材内容使知识内化。

在初中地理户外实践考察活动中，教师带领学生进入考察场地后，首先应强调纪律及安全问题。其次，让学生按照事先确定好的活动方案进行考察，同时，教师也要特别注意学生的安全问题，防止意外事故的发生。最后，教师应为学生创造出有利于学生进行团队合作的轻松学习环境，加强学生之间的相互交流与沟通。

（五）总结与评价

对于科学户外实践活动的评价方式，笔者认为分小组进行成果汇报更有利于学生自身的发展。学生通过亲身参与户外实践考察来获取相关知识，又将考察中所学知识表达出来，这一过程就是对感性知识的一种良好运用。户外考察成果汇报的方式多样，包括照片展览、制作手抄报、撰写论文心得体会等，要根据具体的考察主题来确定。这种将感性知识内化的户外实践学习评价方式，不仅能够达到预期的教学效果，也可以促进学生全面发展。教师可以结合学生在实践过程中的表现与后期的汇报表现来对学生进行评价，评价时应以激励性、肯定性的评价为主，提高学生科学户外实践考察活动的积极性，促进学生更多地走进大自然。

　　每开展一次户外实践考察活动，教师都应结合学生的评价及实践过程找出户外考察实践活动存在的不足之处。同时，也要总结优秀的户外实践经验，争取下一次科学户外实践考察活动能够开展得更好。

第六章
初中地理教学媒体研究

第一节　地理教学媒体的相关概述

一、地理教学媒体的含义

媒体是运用现代科学技术手段来实现信息存储和传递的工具，具有广义和狭义之分。广义的媒体包括人的语言、表情、动作等，而狭义的媒体则指人以外的储存和传递信息的各种物质载体。信息具有抽象性，所以要求教师一般运用能够产生有效刺激的符号来表示。因为不同媒体表示信息的符号不同，单一的教学媒体难以传递所有的教学信息，所以教师在应用地理教学媒体时，必须进行合理的选择和有机的组合。地理学科研究对象的复杂性使得地理教学必须依赖一定的地理教学媒体，才能顺利完成课堂教学任务，提高教学质量。

二、地理教学媒体的类型

地理教学媒体的分类有很多种，比如，根据印刷与否，分为印刷媒体和非印刷媒体；根据作用的感官通道分为听觉媒体、视觉媒体、视听媒体；根据地理教学媒体的性质和特点分为地理教学资料、地理直观教具、地理电化教学媒体和计算机多媒体；根据媒体的作用与特点将地理教学媒体分为直观型、抽象型、图像型、实物型、音响型、静态型、动态型等媒体类型；以地理教学媒体"手段"和"工具"的属性分为黑板、实物投影仪，实验模型和标本、教科书、教辅资料、挂图、计算机多媒体等。

除了常见的地理教学媒体分类外，袁书琪教授指出，真正意义上的（广义的）地理教学媒体还包括师生的教学语言（甚至包括肢体语言）和校内设施、野外或社会真实地理事物以及社会媒体等。广义的媒体反映出地理知识和技能较之其他课程更为突出的多样性和丰富性[1]。

---

[1]袁书琪 . 地理教学的多媒体系统 [J]. 地理教学，2010（8）：1.

（一）地理教学媒体常见分类

地理教学媒体根据产生的时间和技术水平，分为传统地理教学媒体和现代地理教学媒体。

1. 传统地理教学媒体

（1）教学资料媒体：教科书、学生用书、地图册、导学案、教辅资料等。

（2）辅助教学媒体：黑板、粉笔、地理挂图、地理教具（地球仪、地理模型等）、地理标本、实验器材等。

2. 现代地理教学媒体

（1）视觉媒体：幻灯片、图片、投影仪、实物投影。

（2）听觉媒体：音乐、录音、广播、磁带。

（3）视听媒体：电影、电视、视频。

（4）综合媒体：教学软件、多媒体计算机、GIS 辅助地理教学系统、网页网站、电子阅览室、电脑机房等。

（二）地理教学媒体分类的探讨

随着时代和技术的发展，原有的地理教学媒体分类无法包括所有较新的媒体。因此，有人把"现代教学媒体"分为原有分类的教学媒体的"常规现代教学媒体"，代表近些年新产生的"信息技术支持的教学媒体"。

1. 常规现代地理教学媒体

包括幻灯片、投影仪、电子白板、视频、音频、图片、动画等。

2. 信息技术支持的教学媒体

根据是否需要地理专业地图、处理系统等分为地理专业教学媒体和通用技术媒体。

（1）地理专业教学媒体：是直接呈现地理教学信息的媒体类型，或者说是从地理的视角和地理学科特有的思维逻辑方式开发的软件和构建的网页资源等。国产著名的地理信息系统软件如 MapGIS、GeoStar、SuperMap 等，国外著名的地理信息系统软件如 ArcGIS、Maplnfo 等，地理数据网站如地理空间数据云，地理专业资源网站如中国科学院资源环境科学与数据中心网。以上相关软件都可通过网络搜索获得。利用这些地理信息软件和资源库进行辅助教学的媒体就是地理专业教学媒体。

相关研究开发如"用 Authorware 模拟行星的椭圆运动""Maptool 在世界地理教学中的应用""GoogleEarth 在经纬网教学中的运用",为地理信息技术在初中地理教学的应用提供了思路。"如何利用 MapInfo 快捷制作专题地图""巧用 Surfer 软件绘制三维立体地形图进行等高线辅助教学""利用 Arc-GIS 制作等太阳高度线图"等研究,为教师自行制作专题地图提供指导,丰富了地理教学资源,展现鲜活的地理素材。

（2）通用技术媒体:指的是呈现地理教学信息的工具媒体。利用信息时代相关技术和平台进行教学,除了地理学科外,也可以应用于其他学科的教学。

①常用软件开发。比如运用 Excel 进行数据统计与分析、巧用 Word 软件绘制地理图表、"浅谈如何实现 Flash 视频与 Power-point 的链接"等研究,为地理教师制作课件和图表提供了指导;"用 Flash 演示昼夜长短和太阳高度的变化"等研究,为教师如何利用计算机突破教学重难点提供了借鉴。此外,还有多种常用软件如"有道云笔记"功能、百度地图的"百度街景""形色"植物识别在地理教学中起到了很大作用。

②网络教育。网络教育包括线上教学、智慧课堂、大数据运用等。如利用微信平台进行作业发布与打卡、利用网络自主学习、在线翻转课堂提前发布教学资源、运用"互联网＋"等形式的教学。在线教学既有学生和网络的交互,也有生生之间、师生之间的交互[①]。

从功能上来说,首先,学生通过弹幕可提问、讨论、回答等,增强了老师与学生以及学生与学生之间的互动,提高了课堂的参与度;其次,课堂上可以用更丰富的形式,如文字、图片、视频发表观点,方便、简单、有效;最后,在线教学环境下可以轻松获取学生的学习痕迹(包括课堂表现、学生在线测试等),保证了学习记录的连续性,促进了师生反馈与评价的有效性。

通过智慧教室,教师控制屏幕共享,发布任务。学生合作操作,通过网络再将结果上传。教师端可以展示同学们的答案,通过分析收集到的数据和答案,

①胡英山,郭恒源. 网络平台下的中学地理交互式课堂探索 [J]. 教育教学论坛,2013 (41):234-235.

/164/

有针对性地进行教学。

　　大数据背景下的地理教学可以通过大数据的分析，探索资料搜集、课堂表现、问题理解、语言表达、课堂参与度、听课专注度、绘图能力、正确率等要素间的关联性。不仅如此，教师的教学数据也会被大量记录，包括教学环节、课堂提问效果、课堂节奏、案例选择、练习讲评、试卷命题、作业批改、引导讨论和个别辅导等[1]。随着应用工具的发展，一些线下数据（包括学生练习册、地图册、学生期末测试等）采集的问题将得到解决。在大数据支持下，线上与线下数据的结合可以形成班级和学生个人学习档案[2]，提高教学反馈、评价的科学性。

　　③ AR、VR 技术。各种地理软件以及虚拟现实技术的出现，为情境教学的实施创造了优越的条件。

　　AR 技术（augmented reality），即增强现实技术，包括多媒体技术、三维建模技术、实时视频控制技术、传感技术、实时跟踪技术和场景融合技术等。AR 技术可以实现地理事物与地理环境三维立体呈现、动态过程现实与模拟、各种资源的整合融合。现在被广泛应用于开发 AR 立体书（扫描二维码获得更多 AR 资源）、开发 AR 教学软件（如中图 e 学堂 APP）、搭建 AR 地理教学资源平台等[3]。

　　VR 技术（virtual reality），即虚拟现实技术，涉及计算机图形学、传感器技术学、人工智能等，可打破时空尺度，构建虚拟的真实场景及三维虚拟模型，弥补学生空间想象力的不足，使学生拥有强烈的体验感与沉浸感[4]。桌面式 VR 辅助教学、混合式 VR 搭建模型便于学生和教师收集和处理信息，沉浸式体验 VR 是未来发展的趋势，可以让人足不出户游世界。

---

①朱来军. 谈大数据背景下的地理教学 [J]. 中学地理教学参考，2015（4）：14-16.
②马玉改. 混合式教学模式在中学地理课程中的探索——以人教版"行政区划"为例 [J]. 地理教学，2020（3）：39-41.
③彭琪. 利用微信和 AR 技术构建直达一线需求的地理教学服务平台 [J]. 地理教学，2020（23）：40-41.
④张欣. 基于 VR 技术的中学地理探究活动案例设计研究 [D]. 呼和浩特：内蒙古师范大学，2020.

三、常见地理教学媒体的使用

（一）地图和图表的使用

在地理教学媒体中，地图和图表尤为重要，使用也最为普遍，其最大的特点是形象、直观。使用地图是地理教学的典型特征。地理教学中的地图主要有地理挂图、教材地图、地图册、填充图等。课程标准下，作为一名合格的地理教师，必须具备扎实的运用地图、图表的基本功。在地理教学中，运用地图、图表要努力做到以下几个方面。

（1）选图恰当，紧扣主题。无论是选用地图还是图表，都要首先考虑紧扣教学主题，使它能够与教师的讲解相互照应，便于学生建构地理知识体系，利于学生地理知识的掌握与读图、用图能力的培养。同时，用图要繁简得当，总数不宜过多。

（2）挂图得当，便于教学。运用地图、图表教学时，要事先做好挂图的准备工作。要注意教室内光线的角度、挂图位置的高低；挂图的布局要合理、美观。一般主图挂在左边，辅图挂在右边，并留出板书的位置。

（3）指图准确，语言恰当。教师在指图讲解时，身体应直面学生，以免挡住学生的视线；正确地运用指图杆，指图必须"点、线、面"清晰分明，指图的速度要做到快慢适中，同时要注意"讲"与"指"同步进行，讲解时语速要适中，并与学生的观察、思考、记忆相适应。

（4）用图讲解方法得当。用图讲解要注意运用地图、挂图和讲授课文的密切配合，可以是以讲解课文为主、配合用图；也可以是以观察地图为主、辅以课文讲解。地图种类不同、学生年龄结构不同，采用的讲授方法也不同。同时，要注意主图和辅图、地图挂图和学生地图册之间的配合运用。

（二）地理标本和模型的使用

1. 地理标本的使用

地理标本是地理课堂教学中使用的传统媒体，它因为能够使学生真实感受地理事物和现象的本来面目，有助于学生形成正确的地理概念而被长期使用。

地理标本一般可以分为实物标本和地理标本，它们各有特点。实物标本（如农作物）的真实性比较强，但使用时容易受时间和空间等条件的限制；地理标本（如矿石标本）虽不受时间的限制，但受空间的限制。在地理课堂教学中，标本能够帮助学生真实地了解地理事物和现象，使学生容易形成对事物的感官认识。

2. 地理模型的使用

地理模型主要有地形地貌模型，如等高线模型、区域地貌模型、地壳构造模型。地理模型是地理教学中的立体教具，直观性很强，使学生既可以通过视觉，也可以通过触觉感知地理模型所传递的地理信息，对学生形成某些地理表象的作用很大。在揭示地理事物内部结构和相互关系、表现地理事物立体形象时，地理模型优于地理图像。

地理模型可以是原型的扩大，也可以是原型的缩小，还可以是原型的简化，主要分为两种类型：一类是与真实物体的形状基本一致，只是比例不同的地理模型，如地球仪、三球仪；另一类是显示地理构造特征的模型，如背斜、向斜、断层。

（三）地理图片的使用

地理图片主要包括景观图片和素描图片。它是较为简单、廉价的直观教具，可用来向学生展示地理景观，帮助他们形成某些地理表象。

地理图片一般与教材配套使用，针对性较强，但更新较慢，这就需要地理教师平时注意搜集与积累地理图片。地理图片的内容丰富，色彩、构图美观，便于携带，能够引起学生的兴趣。但教师一定要注意图片与地理教学主题的相关性，应选用一些地理特征明显的图片。

教师在搜集和使用地理图片时应注意以下几点。

（1）自行搜集的景观图片要注有地名、注记和主要信息，以保证图片的科学性。

（2）要把握好展示图片的时机，并做必要的说明。

（3）在课堂上使用图片时，要选择有助于突出教学重点的图片，数量不宜太多。

（4）许多图片内容丰富，但画面比较小，使用时应采用走动展示或传看等方法，让全班学生都能看到。

（四）多媒体的使用

现代教学媒体具有传递信息量大、传播速度快、表现力丰富的特点，因而具有普遍的实用性。多媒体在地理教学中的优势主要体现在以下几个方面。

1. 增强学生对地理事物的感性认识

由于区域差异的存在和学生生存空间的限制，学生对许多地理事物和现象缺乏直观表象，如大多数学生没有见过冰川、地热现象、热带雨林、沙漠。多媒体的使用可以帮助学生理解各种地理事物和现象，增强其对地理事物的感性认识，使其形成地理表象。

2. 帮助学生学习地理学科理性知识

由于地理事物的广泛性、复杂性、综合性，学生难以进行广泛的观察和深入的体验，这样不利于学生对地理概念的掌握和地理原理的理解。因此，地理教师在进行讲解时，可利用多媒体技术将地理事物的现象、内在联系表现出来，有利于学生对这些内容的理解。

3. 创设问题情境，激发学生求知欲

利用多媒体可以通过动画演示等，创设出生动有趣的教学情境，不仅能激发学生的求知欲，还可以通过提问等方法启发他们的地理思维，同时帮助学生建立空间概念，发展其想象思维能力和立体思维能力。

4. 设计教学活动，增加学生参与度

运用多媒体可以满足学生更多地参与教学活动的需要。多媒体可以营造出充满创造性的学习氛围，实现因材施教，使学生成为课堂的主体。

5. 提高地理课堂的教学效率

使用多媒体等现代媒体进行教学，可以提高单位时间内信息的传递数量。同时，多媒体教学可以化难为易，大大缩短认知过程，使学生易于接受和快速掌握知识，从而大幅度提高教学效率。在地理课堂上运用多媒体时要注意以下几点。

（1）要突出实效。教学媒体是传播教学信息的桥梁，是为一定的教学目的服务的。因此，一定要注意了解其使用效果是否达到预定目标。

（2）要内容精简，讲解充分。多媒体的使用以能够说明问题为目的，不一定要数量多、篇幅长。一般情况下需要教师进行充分讲解，有时也可以指定学生解说。

（3）要提出问题。使用多媒体前，教师应向学生提出一些问题，且设计的问题应该是与多媒体所展示内容紧密相关，便于引导学生抓住多媒体展示中的主要思路。

第二节　地理教学媒体选择与组合

地理教学媒体是指储存和传递地理教学信息的工具。地理教学媒体具有呈现事实、创设情境、提供示范、解释原理、探究发现等重要功能。因此，优选地理教学媒体对于开展地理教学活动、完成地理教学任务来说是至关重要的。

一、地理教学媒体选择的依据

（一）地理教学目标

地理教学目标是对学生参加地理教学活动后应该表现出来的可见行为的具体的、明确的表述。它是贯穿地理教学活动全过程的指导思想，不仅规定了地理教师进行教学活动的内容与方法，而且还控制着地理教学媒体的类型以及媒体出示的时机、方法与步骤。因此，地理教学目标对地理教学媒体的选择具有决定作用。每个单元、课时、课题都有一定的教学目标即具体的教学要求，为达到不同的教学目标通常需要使用不同的媒体来传输教学信息。例如，对于认知类教学目标选择挂图、图片、实物、标本、模型、投影、多媒体动画等媒体开展教学，可收到良好的教学效果，而对于情感类教学目标选择表现手法多样、艺术性和感染力强的媒体如录音录像，可对学生产生巨大的吸引力和情感上的震撼力。

（二）地理教学内容

地理教学内容是指为了实现地理教学目标，要求学生系统学习的地理知识技能和行为规范的总和。地理教学内容和地理教学媒体之间存在必然的、本质的联系，地理教学内容是制约地理教学媒体选择的重要因素。初中地理教学内容广泛，应有区别地选择合适的教学媒体。

（三）学生特点

学生学习地理的心理基本特征是地理教学媒体选择的依据之一，其重要性是不言而喻的。心理学研究表明，初中生的观察能力较差，缺乏从整体上观察、从细微处观察的意识，注意力不容易持久集中，思维以直观形象思维占优势。

在地理课堂教学中学生接受地理信息量的多少取决于地理教学媒体与地理教学内容是否统一，地理教学媒体与学生的认知结构是否相容，地理教学内容与学生的认知结构是否一致。统一性、相容性、一致性越好，有效信息量就越大。

因此，地理教学媒体的选择必须充分考虑学生的认知结构。对于初中生可以较多地使用图片、音频、视频。图片要形象生动，重点突出，色彩鲜艳，力求添加互动活动。每节课使用的数量不宜太多，要对图片中的内容进行详细的解释。使用音频和视频，宜选用短片，动画镜头可以多一些。

（四）地理教师特点

每个地理教师都有自己擅长使用的媒体，也有不擅长使用的媒体。在选择媒体时应充分发挥自己的优势，扬长避短。有的地理教师语言表达能力较强、声音柔美、极富感染力，就可以多采用绘声绘色的语言讲述；有的地理教师美术功底好，可以多选用板画、投影等辅助教学；有的教师能熟练使用计算机，在学校设备齐全的条件下就可以直接运用多媒体设备辅助地理教学。如果一名地理教师同时具备上述能力，那么他在进行地理教学媒体的选择上就具有更大的空间。因此，地理教师在选择地理教学媒体时，一方面要正确认识自己驾驭地理教学媒体的能力；另一方面还要不断提高自己，以适应现代媒体教学对教师的要求。

（五）地理教学媒体特性

地理教学媒体自身特性包括技术特性和专业教学特性两个方面。地理教学媒体技术特性包括呈现力、重现力、传播力、受控性与参与性五个方面。仅考虑呈现力方面，电影、电视、录像、计算机多媒体与网络的呈现力要强于其他地理教学媒体；而全面考虑呈现力、重现力、传播力、受控性与参与性因素，虽然幻灯投影、录音与录像的技术特性较强，但是多媒体网络技术则是最具有优势的。

地理教学媒体的专业教学特性是指教学媒体传递、处理不同内容的教学信息的能力。不同的教学媒体，传递、处理某一教学内容的能力是不同的。黑板适合文字教学，音频适合语言和声音教学，图片和视频适合图像教学，计算机多媒体则适合动画教学。综合比较各种地理教学媒体的专业教学特性，可以看出，一般来说技术特性好的教学媒体对各种教学内容的呈现效果都比较高。音频和视频的技术特性好，表现地理景观、地理分布以及地理事物的运动变化过程效果明显，地理教学特性比较好，所以在地理多媒体设计中已经被广泛应用。

正确认识各种地理教学媒体的优势与缺陷，是地理教师有效选择媒体的前提条件。

（六）地理教学环境

地理教学环境对地理教学媒体的选用有重要影响。根据信息传递方式，地理教学环境分为传统地理教学环境、电化地理教学环境、多媒体地理教学环境、多媒体网络地理教学环境。不同的环境为选择相应的媒体提供了可能。地理教师在进行教学设计时应根据当地的教学环境考虑到所选用的媒体是还是唾手可得，或通过简单的准备即可利用，而不应考虑那些在学校与教学环境中无法准备与实现的媒体。

二、地理教学媒体选择的原则

（一）多样性原则

多样性原则要求在选用地理教学媒体时，在硬件支持的前提下有原则的多选一些媒体，因为运用多种媒体比只用一种媒体效果好。

从媒体本身看，选择多种媒体有利于媒体优势互补，进行媒体组合教学。关于教学媒体功能的研究表明，没有万能的教学媒体，所有的媒体都有其优点和缺点，没有一种媒体能永远优于其他媒体，也没有哪一种媒体能解决所有的问题，有时某一种媒体的短处可能恰恰是另一种媒体的长处。综合使用多种教学媒体就可以取长补短，优势互补，充分发挥教学媒体的整体功能。如视觉型媒体能使学生眼见其形但不能耳闻其声，而听觉型媒体则相反，使学生耳闻其声不能眼见其形，如果选择两者，在课堂上结合使用，不仅能各显其能而且能够收到声形并茂和相得益彰的效果。[①]

从教学信息论看，选择多种媒体有利于加大教学信息容量和提高课堂效率。多样性原则要求既要选择传统媒体，又要选择现代媒体，特别是在有条件的情况下应尽可能地多选择现代媒体。因为现代地理教学媒体具有传递信息快、单位时间内信息容量大的特点，可以节省教学时间，有效地传递教学信息，达到在现有的条件下用最少的时间和精力去获得最好的效果。据教育统计材料，在同一单位时间内运用现代教学媒体可比一般教学媒体增加20%～30%的教学内容，所学得的材料分量比传统教学方式增加一倍，且可使考试中的错误减少2/3～3/4。因此，要高效率地传递大量信息，提高课堂教学效率则应多选用图像、视频、多媒体计算机、网络等现代教学媒体。

从学习的生理机制看，选择多种媒体有利于学生多种感官参与学习，提高学习效率。对记忆的研究表明，多种感官参与记忆，无论是记忆的速度还是记忆的质量远远大于单一感官的记忆。拿记忆后保持的比率来说，单用视觉，三小时后记忆保持的比率为70%，三天后为40%；单用听觉，三小时后记忆保持的比率为60%，三天后为15%；而视听并用三小时后记忆保持比率达到90%，三天后仍为75%，远远大于只看、只听。课堂选用多种媒体传递教学信息就有多种渠道分别刺激学生的不同感官。当不同的感官接受的信息内容相互关联时就会深化对知识的感知程度，达到强化学习、提高学习效率的目的。

（二）适度性原则

多样性原则要求课堂教学有原则的多采用一些教学媒体，但这要以一定的条件为前提，并不是说媒体选得越多就一定好。尽管多种媒体传递的教学信息

---

①徐福荫. 教学媒体的理论与实践 [M]. 北京：北京师范大学出版社，2010.

量一定比只有一种媒体传递的教学信息量要大，但还要考虑学生能否接受。如果学生不能接受，媒体再多也没有用。因此，媒体的选择还应遵循适度性原则，即一堂课使用的媒体不宜太多，应有一定数量的限制。一堂课用多少种媒体好呢？有人研究了课堂教学，认为不算常规教学媒体，仅选择现代教学媒体，以两三种为好，这样既能从不同方面理解教学内容，又能使学生始终保持新鲜感和学习兴趣，提高课堂教学效果。研究发现，如果选择四种以上的教学媒体，教学效果就不好了。

（三）经济性原则

美国大众传播学家施拉姆曾说过："如果两种媒体在实现某一教学目标时的功能一样，我一定选择价格较低的那种媒体。"选择媒体除了看使用效果外，还要看何种媒体花钱少、时间省、成本低，即要遵循经济性原则。一般来说，常规教学媒体的价格低于现代教学媒体的价格。在所有的教学媒体中，印刷品和黑板的价格最低，标本、模型、录音的价格次低，幻灯、投影、电视的价格中等，电影和录像的价格较高，计算机多媒体和网络的价格最高。前面说过，在有条件的情况下要尽可能地选用现代教学媒体，但并不是说要一味地追求"带电作业"，不是选用的媒体越高档越好，而是要看情况，具体问题具体分析。如果本来用黑板就能展示的板书，用挂图、图片就能说明问题的教学内容却制成了昂贵的幻灯片、投影片；本来用幻灯片、投影片就能显示的例题或习题却制成了高档的多媒体课件，本来可以直接用实物或模型演示的实验却制成了高价的录像带，这样既浪费材料、人力，又浪费教学时间。可见，选择教学媒体应该考虑低成本、高效能。

（四）教学最优化原则

教学最优化原则是指把选用教学媒体的过程放在整体的教学设计中，充分考虑教学各方面的因素，协调教学媒体与教学其他方面的关系，使教学媒体的功效服从于整体教学设计，以取得最佳教学效果。教学最优化原则可以说是选用教学媒体的根本原则和根本要求。实施这一原则的关键是对教学的各个方面进行系统的分析。首先，要充分认识各种教学媒体的功能、特性及其发挥积极作用的主客观条件。其次，要明确课堂教学目标的构成与水平层次，分析教学内容的特点、类型、层次结构、逻辑联系、重点和难点及其教学意义；了解学生的年龄心理特征、生活经验、知识存量、初始能力、学习态度和学习风格，认识教师个人的教学风格和教学能力，熟悉学校的教学设备和教室的环境条件。在此基础上，综合考虑选用合适的教学媒体以实现教学最优化。

第三节　初中地理多媒体教学研究

一、地理多媒体教学的意义

多媒体教学可以强化学生对地理事物的感官效应，引发学生的地理学习动机，促进学生对地理问题的深入思考，培养多元地理思维能力，并积极调动师生的双向互动。

（一）展示抽象、复杂的地理知识

多媒体教学对地理事物和现象进行直观模拟，既可以宏观纵览地理环境，也可以微观放大展示地理模型、标本，从而使地理课堂更加活泼生动。地理学科本身具有跨越时空的特点，多媒体教学可以给学生提供一个直观、形象、发现的平台，学生经历解决地理问题的过程，这对培养学生的地理学习兴趣有很大的帮助。特别是多媒体具有图、文、声并茂甚至有活动影像的特点，可以演示抽象复杂的地理知识。

（二）强化重点与突破难点

运用多媒体，把文本、图画、动画、声音等多种信息结合在一起，可以给学生提供多种感官的综合刺激，引起学生的学习兴趣和提高学生的学习积极性。同时，多媒体教学融视、听、说、练、静、动等于一体，创设多样化的立体情景，有利于激发学生的学习动机，从而使学生更好地理解地理学习的重点和难点。

（三）培养学生地理思维能力

幻灯片、投影等多媒体能为学生展示地理表象或者模拟相似的画面，使得抽象的事物更加形象化，让教师和学生之间获得共同的经验，积极为学生创设问题情境，培养他们的地理思维能力。

（四）有效提高地理教学质量和教学效率

在地理教学中，运用图片、动画、影像等多媒体方式，既吸引学生的注意力，激发学生的学习兴趣，也可以体现学生的主体性地位，激发学生学习的积极性和主动性，继而收获更好的学习效果。

（五）有利于地理教学方式的多元化发展

多媒体教学是不断发展变化的，各种教学媒体的优选与组合，可以保障地理教学方式更加多样化。如运用多媒体技术，教师把静态图片变成动画、视频演示，生动形象的媒体呈现可以促进学生各种地理思维的发展。同时，在地理教学中，合理运用多媒体技术，能够激发学生的兴趣，调动学生的积极性，使学生主动进行探究活动或小组合作学习，更好地实现"学生为主体、教师为主导"的教育理念。

二、地理多媒体课程资源开发对策

（一）提高教师整体素质，为课程资源开发提供人才保障

随着信息技术在教学中的应用越来越广泛，初中地理教师要紧跟科学技术发展的脚步，学习和掌握多媒体教育技术，提高自身的教学本领，更好地适应现代化教育的要求。

教师在上课之前要做好备课工作，要对地理教材进行深入的钻研，思考互联网上哪些资料跟这节课的教学内容相关，怎样才能更好地把多媒体的课程资源跟教材中需要掌握的内容结合起来，要达到什么样的教学目标，要想尽一切办法调动学生的地理学习积极性，让学生拥有基本的地理知识，帮助学生掌握

地理学习中的重点和难点。能够通过对媒体课程资源的开发，对基础知识进行梳理，构建相应的知识网络，准确地把握地理概念和原理以及地理规律，在脑海中形成清晰的认识，提高教学成效。

教师要注意合作与交流，要注重资源的共享。通过开发多媒体课程资源这种形式可以实现学校和教师间的共享，也能实现教师与学生之间的共享，能够完善课程资源储备，使得多媒体课程资源发挥最大的作用。此外，教师还要注意地理多媒体课程资源的更新，这样开发的课程资源才会跟得上时代的发展。

教师要学会对互联网上的一些地理课程资源进行筛选，多关注类似于中国基础教育网地理频道等网站，在教学中运用筛选出来的网站，能够起到事半功倍的效果。

（二）创新地理教学模式，丰富多媒体课程资源开发途径

1. 变抽象为具体，激发学习兴趣

就初中地理知识而言，地理教学资源形式多种多样，有图形、文字、图表等。在初中地理学习中开发多媒体课程资源，可以把不同形式、不同地区的地理景观以及相应的知识进行全面的整合，这样就能更好地进行地理知识的讲授。不管是教学内容还是教学形式，多媒体教学都是传统地理教学所无法达到的。开发多媒体课程资源，可以把抽象的事物具体化，把枯燥的理论生动化，进一步激发学生进行地理学习的兴趣，加深学生对现象原理以及规律的形成过程等方面的理解。

2. 突破难点，学习知识

在地理教学过程中，教师可以将学生难理解的内容制作成课件，也可以在网络上找一些经典的难点突破微课，展示给学生，让学生通过学习这些直观形象的多媒体资源来强化学习效果，丰富自己现有知识储备的同时，起到答疑解惑的效果，让学生对难点的理解更深刻。

3. 材料展示，提高分析能力

跟传统的板书教学相比，开发多媒体课程资源来制作地理课件，对地理教师来说，可以把需要学习的内容在同一个画面中进行整合，把各种地理图表和资料清晰地展现在学生面前，进行有效的地理知识分析；帮助学生建立相应的空间联系，把地理知识的纵横联系和空间联系进行综合分析，找出一些精选立

体画面来巩固学生的记忆。这样形象地讲解和解说，增加了课堂容量，提高了教学效率。

4. 开阔视野，解决实际问题

在中考中，热点问题、焦点问题会出现在考题中，主要是考查学生运用地理知识解决实际问题的能力。因此，在地理知识学习过程中，教师要强化多媒体资源的开发，列举和地理知识有关的实际材料，让地理课堂和生活实际紧密结合在一起，这样就能开阔学生的视野，活跃课堂教学气氛，激发学生对地理知识的学习欲望，提高用地理知识解决实际问题的能力。

综上所述，在初中地理多媒体课程资源的开发过程中，要不断提高教师整体素质，为课程资源开发提供人才保障，创新地理教学模式，丰富多媒体课程资源开发途径，从而优化学生的地理学习效果。

三、多媒体在初中地理教学中的应用

（一）为学生创造积极有效的真实氛围

主要整合文本、图像、声音、动画、视频等电子媒体，实现地理事物的可视化。多媒体教学有利于丰富信息的传递方式，使授课内容更加形象、生动、有趣。多媒体教学在培养学生的地理思维能力和动手能力方面具有突出优势，它不仅强调对学生基本技能的锻炼，而且关注学生学习过程和方法的生成。加之计算机多媒体手段的应用，使练习、实验、模拟等教学活动具有更大的吸引力，可以帮助学生学习地理概念、地理原理等理论知识，从而提高教学效果。

（二）为学生提供交流互动的支持条件

现代媒体和信息技术为地理教学提供支持条件，特别是网络环境为地理教学提供互动平台，有助于形成包括人机互动和人际互动在内的多元教学互动。信息化环境下的学习资源越来越丰富，学生在信息化学习环境中可以进行自主学习。在信息技术支持下，各种教学资源和学习资源合成一体，形成多媒体教学资源库，包括教学过程的录像、教师的教案、学生笔记、教师对学生的指导过程、学生学习过程中自主上传的资源等，已经成为信息化学习环境中很重要的一个要素。

四、实践教学中的应用

（一）"3S"的应用

"3S"即地理信息系统、全球定位系统和遥感技术，其在社会发展与生态建设等方面发挥了积极作用，如智能交通、土地利用、生态环境，而"3S"在初中地理教学过程中占据了重要地位。一方面，教师通过讲授"3S"理论知识，能让学生初步掌握其主要功能和意义，使学生形成地理学领域的学习思维；另一方面，教师通过遥感图片和定位图片进行授课，能使学生更深刻、直观地理解课程知识点，更好地学习教师教授的内容。当前，"3S"已逐渐走入中学地理课堂，但目前这一教学方式在初中课堂并没有得到普及。在初中地理课程的实际教学中，教师可以加强"3S"与课堂的结合，如引入大量遥感图片，让学生学会辨别每种遥感图片所指代的实际意义，然后给出一张实际的地形图，让学生利用画笔手绘出遥感图像。这样可增强学生对遥感图像颜色差异的敏感性。将"3S"技术引入课堂既能够激发学生的学习兴趣，使学生学习到该领域的实质内容，又可满足学生的应试要求。

（二）"VR"技术应用

"VR"即虚拟与现实。随着社会经济的发展，"VR"技术应用到教育行业中的实例较多，但一般出现在大学，将其引入初中地理课堂的案例极少。在当前的地理教学中，教师可根据课本或多媒体上的一些2D、3D图片和模型，让学生通过感官认识地理事物。但由于时间、安全及其他因素的限制，让学生进入真实的自然条件去了解和认识地理知识欠缺条件。"VR"技术可有效解决该问题。学校内可设置单独的"VR"教室，让学生通过该教室的设备"亲身"体验环境，学习涉及的地理知识。

总而言之，将多媒体技术应用于初中地理课堂对师生具有积极意义，也存在一些弊端。但总体说来，随着国家政策支撑和社会的不断发展，多媒体教学必将打破现存弊端，成为初中乃至整个教学环境中的重要组成，为初中地理及其他学科的学习提供良好的氛围和条件，使学生更容易获得新知，形成学科思维。对学生后阶段，甚至未来的学习、工作产生深远影响，进而对复合型人才的养成产生积极作用。

五、初中地理多媒体教学中存在的问题

（一）忽视学生主体地位

多媒体教学离不开教师和学生双边的活动。如果整个地理教学过程完全由多媒体主导，学生的思维完全被课件演示的内容所引导，学生就会成为被随意填塞的知识容器。这种"屏幕＋计算机"的教学模式虽然加大了教学信息量，但不重视学生的主体地位，学生依然难以消化和理解课堂所讲授的内容，对所学内容缺少进一步的思考与辨析。如果教师更多地关注计算机在多媒体课件中发挥的功能，而忽视以学生为主体的教学过程，就会使学生处于被动参与的学习状态。教师把预先设计好的课件提前输入电脑，然后严格按预定程序将教学内容不加选择地逐一展现，上课成为执行既定程序，就会导致师生之间缺少情感交流，不能产生好的教学效果。

（二）过于强调技术而淡化教学内容

多媒体教学课件能使枯燥、抽象、复杂的教学内容变得生动形象、直观具体、简单明了。但如果在教学过程中只是一味追求地理课堂的"奢华"，没有考虑所涉及的情境是否符合教学内容的需要，是否突出教学的重点、难点，就会削弱教学内容，影响学生的学习注意力。课件制作不当的状况：课件所显示的文字资料内容过多且字号过小，密密麻麻地充满整个界面，导致学生观看时既费时又费力；"预设动画"未进行静音，导致文字显示时带有声响，如发出打字声、刹车声，对学生的观看容易产生干扰。

（三）多媒体使用缺少一定灵活性

受课件编制形式的影响，如果课堂教学被多媒体材料牵着鼻子走，就会导致多媒体课件的实效性比较差。这种不合理的媒体使用，是由于教师没有对教学目标做全面深入的把握，又忽视了对教材的研究，从而导致对教学内容缺少

正确定位的结果。另外，媒体只是起到教学辅助的作用，要依据教学内容灵活应用。但是许多教师把大量的精力放在制作多媒体课件上，再加上不能恰当选用教学手段和表现形式，因此难以帮助学生理解难点、疑点，学到重点，没有发挥各种媒体的优势，完全降低了多媒体教学的效率。

六、初中地理多媒体教学的优化策略

（一）重视多种媒体的优化组合

根据戴尔（Dale）的"经验之塔"理论，视听教材和视听经验介于做的经验与抽象经验之间，既能为学生学习提供必要的感性材料，又便于教师借助解说和提示，从具体的画面上升到抽象的概念、定理，形成规律。为了取得最佳、最优的教学效果，地理教学必须充分发挥现代媒体的教学功能，实现多种媒体的优化组合，使多媒体教学与探究学习紧密结合。

（二）合理发挥多种媒体的辅助作用

教学媒体、教学手段的选用都服务于学生的学，以达到教学的最优化为目的。因此，综合考虑媒体的功能、教学目标、教学内容、师生特征及教学实施条件，力争协调教学媒体与教学其他要素的关系，充分发挥多种媒体的辅助作用至关重要。通过动手操作，演示地理现象的形成过程；通过板图板画，展示地理事物的存在状况；通过动画演示，分析地理事物各要素之间的数理关系；通过板书设计，画出地理规律及形成原因的思维导图；通过制作网页，合作探究各种地理问题。

（三）整合多媒体教学与传统板书

多媒体作为课堂教学的重要手段和工具，其目的是利用图、文、声、像的综合处理及课件制作等优势来提升课堂教学的效率。而传统板书通过教师的边讲边写，使重难点突出，深化与巩固课堂教学，从而让学生构建明晰的知识框架。地理教学要整合现代信息技术的优势和板书教学的长处，遵循"最优性、直观性、主体性、适度性"原则，灵活地选择各种教学媒体和手段，真正做到信息技术与课堂教学的有机融合。

第七章
初中地理学业评价研究

第一节　地理学业评价的意蕴

一、地理学业评价的基本内涵

所谓"评价"，是主体对客体进行价值判断的过程。早在 1971 年，美国学者格朗德给出了一个表述"评价"含义的公式：

评价＝测量（量的记述）或非测量（质的记述）＋价值判断

因此，开展评价活动，需要定性或定量地收集有关评价对象的相关信息，并根据这些信息给出合理的评价结论。

所谓地理学业评价，就是在地理教学活动的过程中，地理教师等主体对学生学习进展的评价，评价的内容主要包括学生的地理知识掌握和能力发展情况，学生对地理知识获取方法和过程的理解，以及学生在地理学习过程中表现出来的情感、态度和价值观等。简言之，地理学业评价就是基于特定信息对学生地理学科学习情况是否达到预期目标所做出的判断。

需要注意的是，在有些场合，很多人也用"地理教学评价"来指代对学生地理学业发展的评价。当前，地理教学评价是一个较为模糊的概念，它很多时候也指对地理教师课堂教学能力和效果的评价。

2021 年 9 月出台的《深化新时代教育评价改革总体方案》，系统地概述和提出了教育评价的新思路、新方案、新理念，目的就是要着力解决多年来制约教育发展的问题，探索运用评价机制激励教育稳健发展的途径，其核心要义对地理学业评价必将产生深远的影响。

二、地理学业评价的基本功能

在地理教学中，适当地运用学业评价，能够极大地促进教学效率的提高。学业评价在地理教学中主要具有诊断、导向、调控和激励等功能。

（一）诊断功能

在地理教学活动开始之前，教师可以先通过评价了解学生对学习活动的准备情况，包括学生的知识、能力和技能基础，学生对地理学习的期望，以及投入学习的动机水平。如果学生在知识基础上存在缺陷，在开展新的教学活动之前，应该采取适当的补救措施，以免学生跟不上教学进度。如果学生的能力和技能水平较低，在教学过程中就应该注意加强有关方面的培养和训练。动机水平过低会导致学生学习积极性不高。教师要想办法让学生了解地理学习的意义和重要性，在教学中注意联系学生的兴趣点，以提高学生学习的主动性和积极性。

学生的头脑并非空空如也的容器，他们原有知识的内容和结构，都会对其学习造成重要影响。美国著名认知心理学家奥苏伯尔在其所著的《教育心理学》扉页上，有一句被广泛引用的话："如果我不得不把全部教育心理学还原为一条原理的话，我将会说，影响学习的最重要的因素是学生已经知道了什么，根据学生原有的知识状况进行教学。"在奥苏伯尔提出的"有意义学习理论"中，学生原有的知识结构被放在了特别关键的位置。[1]发挥地理学业评价的诊断功能，正是我们了解学生已有知识和能力状况的有效途径。

（二）导向功能

初中地理学业水平考试、高等学校入学考试作为较高水平的学生学业能力评价方式，对中学地理教学产生了重要的影响，被形象地称为教师教学和学生学习的"指挥棒"。实际上，在实际的地理教学中，设计良好的地理学业评价也具有较好的导向功能。这种导向可以分为两个方面：对教师教学的导向功能，以及对学生学习的导向功能。

地理教师设计学业评价时，必须考虑教师熟悉《课程标准》的相关要求。教师熟悉《课程标准》的过程，以及把教师熟悉《课程标准》转变为评价标准

---

①罗星凯. 学生面对情境性问题为何会如此失常 [J]. 北京：人民教育，2010（11）：33.

的过程，实际上是《课程标准》影响地理学业评价，进而影响整个地理教学实施的过程。学业评价对地理教师教学的影响，即表现为通过《课程标准》来影响地理教师的教学设计。

在地理教学过程中，让学生明确地理教师对他们的期望，即明确他们自己应该掌握哪些知识内容，发展哪几方面的能力，这也会起到"指挥棒"的导向功能，给学生以明确的努力方向。不过，需要注意的是，用容易理解的行为动词来描述评价标准（或者理解为教学目标），并告知学生，对学生知识和技能的掌握是有帮助的，但是对高层次地理能力的培养以及情感、态度和价值观的形成不一定有效，因为这种教学目标需要学生经历长期潜移默化的影响后才能达到。

（三）调控功能

地理学业评价的调控功能是指在教学过程中，地理教师根据学生的参与程度、回答问题的积极性和正确情况、情绪变化情况等，及时改变预定的教学方法和教学策略，控制教学进度，调动学生的兴趣和积极性，以使地理教学达到最优效果。

地理教师应该根据学业评价的结果对自己的教学过程进行实时调整，而不能不顾课堂的实际情况，按部就班依照事先准备的教学设计方案进行。教师"在教学时要不断地进行评价，以确定下一步要采取什么行动，学生的哪些能力得到了发展，哪些还有待发展，是否达到了某一节课或某个单元的教学目的"。[①]

地理课堂教学是地理教师和学生对话和交流的过程，这个过程有可能大体按照教师之前的计划进行。一位负责任的地理教师会尽可能对课堂上将要发生的情况进行最充分的准备。但是实际上，在众多影响因素的共同作用下，任何教师也不可能预料到课堂上的一切情况。这就需要地理教师不断通过评价来了解实时的课堂状态，调整自己的预设，及时处理各种随时出现的课堂状况。

---

①美国. 国家研究理事会科学、数学及技术教育中心《国家科学教育标准》科学探究附属读物编委会. 科学探究与国家科学教育标准——教与学的指南 [M]. 罗星凯，等，译. 北京：科学普及出版社，2004：74.

（四）激励功能

地理教师对学生的评价对学生的地理学习具有激励作用。学生有获得教师肯定、实现自我价值的愿望，这种愿望的满足，将有助于保持其学习热情和求知欲。学习心理学的有关研究认为，推动和促进学生课堂学习的动机主要是成就动机。[1]成就动机是人们在完成任务的过程中力求获得成功的内部动因，亦即个体对自己认为重要的有价值的事情乐意去做，努力达到完美的一种内部推动力量。个体的成就动机由两种稳定的倾向组成，即希望成功与害怕失败。在具体的成就导向的情境中，个体的成就动机水平等于这两种倾向的代数和。[2]教师要努力使学生保持在较高的动机水平上。在课堂教学中，教师应及时把评价信息反馈给学生，如对学生参与讨论的积极性给予肯定，对在讨论中表现出良好地理素养的学生给予表扬，对精力不集中的学生给予善意的提醒等。

在地理考试中取得好成绩的学生，会获得学习地理的自信心。教师应该及时对他们进行鼓励，进一步提高其学习地理的积极性。对于地理考试成绩不理想的学生，教师应及时与他们一起找到背后的深层次原因，然后查漏补缺，对他们进行有针对性的辅导。教师充满人性关怀的个体辅导，对学生更是一种情感上的激励。

三、地理学业评价的主要类型

按照不同的分类标准，可以把地理学业评价分为不同的类型。按照评价目的不同，可以把地理学业评价分为诊断性评价、形成性评价和终结性评价；按照评价主体分类，可以分为自我评价和他人评价；按照评价标准分类，可以分为常模参照评价、标准参照评价和个体内差异评价。分类结果如图7-1所示。

---

①陈澄. 地理教育测量与评价 [M]. 上海：华东师范大学出版社，2001：22.
②张林，黎冰，刘永兴. 关于成就动机的研究综述 [J]. 内蒙古师范大学学报（社会科学版），2003（6）：77.

```
                                          ┌─ 诊断性评价
                         按评价目的分类 ─┼─ 形成性评价
                                          └─ 终结性评价

                                          ┌─ 自我评价
地理学业评价 ─┼─ 按评价主体分类 ─┤
                                          └─ 他人评价

                                          ┌─ 常模参照评价
                         按评价标准分类 ─┼─ 标准参照评价
                                          └─ 个体内差异评价
```

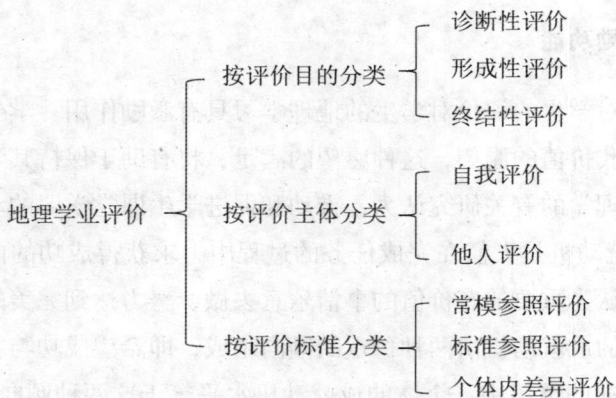

图 7-1 地理学业评价主要类型

（一）按评价目的分类

任何教育活动都是有目的的活动。根据学业评价活动所具备的不同目的，一般可以分为诊断性评价、形成性评价和终结性评价。

诊断性评价是指在某个地理教学环节或教学单元开始之前，为了确认学生是否已经具备了知识和技能基础的"摸底性"评价。形成性评价是在地理教学活动进行的过程中，为了及时掌握学生的学习进展状况而开展的评价活动。形成性评价的目的在于及时跟踪地理教学的效果，并根据评价结论调整教学进程。终结性评价是在地理教学活动结束后，为了检测学生是否已经达到了预期的学习效果，以及检测地理教学目标的达成情况而开展的评价活动。

三种评价活动的区别，主要是希望达成的目的不同，在评价方法和形式上并没有根本差异。

（二）按评价主体分类

传统的评价理念认为，对学生进行评价的主体就是教师。实际上，对学生进行评价的主体还应该包括他们自己，以及他们的同学和家长等。因此，按照评价主体分类，可以大体分为学生个体的自我评价与他人评价两大类。

学生的自我评价，即学生对自己的地理学习活动进行总结反思的评价过程。个体自我评价的优点在于易于实施，能增强学生评价和反思的能力，有利于正确面对个体自身在成长过程中的进步和不足；缺点是因为缺乏外部参照系和横向比较，自我评价可能会具有较强的主观性。①

他人评价，即地理教师和其他学生，以及家长等对某学生的地理学习情况进行的评价。从课堂教学的角度来说，主要是指教师和同学对学生的课堂表现进行的评价。

（三）按评价标准分类

按照评价标准来分类，可以把地理学业评价分为常模参照评价、标准参照评价和个体内差异评价。

常模参照评价，是指把某个群体地理素质发展的平均水平作为评价标准，来衡量个体在群体中的位置。常模参照评价的目的一般是对评价对象进行"排队"，具有选拔性。如我国全民关注的高考（高等学校入学考试），就属于常模参照评价。

标准参照评价，是指把一个外部的评价标准作为依据，对个体是否达到标准要求（或者达标程度）展开的评价活动。常见的标准参照评价有汽车驾驶员执照考试，参加者只要达到规定的要求，即可通过考试。这种评价活动并不对评价对象进行"排队"，做出评价结论（是否达标）的依据是预先制定的评价标准。我国学生为了得到毕业证（而非升学）而参加的学业水平测试，一般属于标准参照评价。

所谓个体内差异评价，是指基于个体过去的发展水平，对其目前已经达到或者将来可能达到的发展水平进行的评价。这种评价的标准和依据是个体自身，而不是常模或外部标准。与其他评价方式相比，个体内差异评价有利于学生对自身发展和进步情况的了解，可以减轻由于排名靠后或不达标给学生造成的压力。对于后进生开展个体内差异评价，有助于建立和保持他们的学习自信心。

四、现代地理学业评价理念

随着社会和教育事业的发展，传统的学业评价理念逐渐不适合教育实践需

---

① 许爱红. 多元学生评价的理论与实践 [M]. 济南：明天出版社，2005：15.

求，从而被现代评价理念所取代。

（一）传统地理学业评价的不足

我国传统的地理学业评价主要以期中、期末考试，以及中考、高考等高利害性考试为主。学生的考试成绩（分数）往往作为评价学生学习以及地理教师教学能力的主要依据，甚至是唯一的依据。

传统的地理学业评价存在很多问题，具体表现为：①评价功能失调。过分强调甄别和选拔的功能，忽视了评价的发展功能。过分关注学生考试的分数和排名，对考试反映出来的学生的地理认知问题研究不够。②评价重心偏离。过分关注地理学习的结果而忽视地理学习的过程。对知识性的目标关注过多，而对能力性目标关注不够。③评价标准机械。忽视了学生的个体差异，用统一的标准去要求所有的学生，忽视了评价对象的丰富性和多样性。④评价方法单一。过分注重量化和纸笔测验型考试，忽视其他许多有效的评价手段和方法，如质性评价等。⑤评价对象被动。评价活动的主体比较单一，由教师主导，学生作为被评价者，在评价活动中处于过于被动的地位。学生的情感性和参与性被忽视，导致评价不能有效发挥促进学生发展的功能。①

（二）现代地理学业评价的基本理念

在我国 21 世纪开始的新一轮课程改革的指导性文件《基础教育课程改革纲要（2001）》中，明确提出要"改变课程评价过分强调甄别与选拔的功能，发挥评价促进学生发展、教师提高和改进教学实践的功能"。提倡建立促进学生全面发展、教师不断提高、课程不断发展的评价体系，改革和完善考试制度，促进考试命题改革以及考试结果的合理使用等。

与传统的地理学业评价相比，现代地理学业评价的转变主要体现在以下几个方面。

1. 评价目标发展化

地理教学的本质目的在于促进学生地理素质的发展。新课程地理学业评价

---

①万国平，李家清，张胜前."异质的平等"：地理教学评价的新视点 [J]. 中学地理教学参考，2005（7-8）：9-10.

突破了以往把甄别和选拔作为唯一评价目的做法，从"选拔适合教育的儿童"，转向"创造适合儿童的教育"，发挥评价的激励作用，以促进学生地理素质的发展为首要目标，倡导使学业评价为学生的发展服务，通过评价帮助学生制订地理学习和发展计划，促进学生主体性和创造性的发挥，让学生通过主动建构的过程来学习地理知识，培养地理能力，形成人与自然和谐发展的价值观念。

把评价目标定位为学生的发展，是本次新课程改革在学业评价方面最重要、最核心的价值追求。

2. 评价内容综合化

随着网络时代的来临、"知识爆炸"的出现，仅仅掌握存量的地理知识已经不是地理素质水平高的表现。在浩如烟海的知识世界中，怎样获得自己需要的信息，以及怎样使用这些信息来解决现实世界中的问题，成为学生地理学习的重要目标。

新课程地理学业评价不再局限于把学生的认知能力作为唯一的评价内容，不再仅仅评价学生对地理知识的掌握情况和地理技能的发展水平，而是把学生在地理学习的过程中表现出来的个性特点、学习的兴趣和积极性，以及提出地理问题、收集地理信息、分析和解释问题、表达和交流自己的发现和见解等，作为地理学业评价的重要内容。评价内容的综合化，体现出现代社会对学生素质全面发展的要求。

3. 评价主体多元化

新课程地理学业评价，要求打破传统的以地理教师为唯一评价主体的状况，促进学生的自我评价、自我反思、自我教育和自我发展。其他评价主体的加入，如同学、家长和社区等，使评价主体由单一走向多元。

评价主体的多元化，特别是学生既作为被评价者，又作为评价者，使学生获得了对自身地理素质发展发表意见的机会和权力，能够在与教师和其他评价主体的沟通和互动中，表达自己的发展诉求，提高了学生在评价和学习活动中的主体地位，同时有利于提高学生学习地理的积极性和主动性，使其主动承担促进自身发展的职责。

4. 评价方式多样化

新课程强调在开展学业评价时，要由过去过分强调定量的评价方法，转向定性和定量评价相结合的评价方法；由过去过于重视终结性评价，转向过程性评价与终结性评价相结合。

定量评价由于具有其较好的客观性而备受推崇，但是随着评价内容的综合化，以及实际操作过程中对定量评价的简单化和绝对化的运用，定性评价的方法越来越受到重视。定性的评价方法能够全面、深入、细致地再现评价对象，能够弥补定量评价方法的不足。对学生地理课堂上的行为进行观察和记录，对学生进行访谈，对学生的地理作业进行分析，建立地理成长记录袋等，都属于定性的评价方法。定性和定量的方法并不互相排斥，二者结合使用，能够更加科学全面地对学生的地理素质发展水平进行评价。终结性评价过于关注学生学习的结果，忽视了学生获取地理知识和地理思维发展的过程。过程性评价把重心放到学生求知、思考和探究的过程，以及在各个阶段的进步过程，有利于及时了解学生在地理学习中遇到的困难、付出的努力和取得的进步，有利于教师及时掌握这些信息并对学生进行持续高效的指导。从功能和目的的角度来说，过程性评价重在促进发展，终结性评价重在检验效果，二者缺一不可。

第二节　地理学业评价的要素

开展学业评价活动，需要考虑三个基本问题，那就是：谁来评价（评价主体），评价什么（评价内容），如何评价（评价方法和程序）。本节就来讨论这些问题。

一、地理学业评价的主体

本章第一节已经提到，地理学业评价根据主体不同，可以分为自我评价和他人评价。这两种评价方法各有特点。

（一）自我评价

一般在他人评价之前，可以先将评价的标准和内容教给学生，让他们先进行自我评价。有人认为，这种自我评价可以使学生领会和内化评价标准，并以此规范自己的学习行为。自我评价形成的自我反馈环节，还有利于克服学生对他人评价的逆反心理。[①]

很多学生偶尔都会自发进行反思性活动，这实际上就是一种自我评价。但是这种反思是开放的、缺乏组织和计划的，在促进学生地理学习方面的作用有限。地理教师有组织有计划地让学生进行自我评价活动，对学生的地理学习具有更大的促进作用。但是，只有真正触发学生的深层次反思性思维活动（而不是对地理教师布置任务的表面应付），自我评价的效果才能真正达成。

（二）他人评价

虽然都期望做出最真实的评定，但是在具体的评价活动中，评价主体的情感、意志等非理性因素会影响其对评价对象的评定结果。学生个体自评时，很可能会由于担心被看不起而对自己评价过高，或者因为过于谦虚而对自己评价过低。从这个方面来说，来自外部的他人评价往往比个体自我评价更加客观，因此有"旁观者清"的说法。

外部主体特别是地理教师对学生进行评价时，可以对不同学生的地理学习状态和水平进行横向比较，进而可以以平均水平为参照，对学生在班级内所处的大致水平段有一定的了解。教师在学生心中具有特殊的地位。来自地理教师的评价往往最容易获得学生的信任，使学生认清自己在地理学习方面的优势和不足，从而增加学生学习地理的积极性，激励他们有针对性地查漏补缺，取得地理素质的全面发展。

一个班级里的同学，一起学习和生活。很多同学之间还建立了深厚的友谊，是无话不谈的朋友。同学之间的评价可以在地理课堂上有组织地进行，更多的则是在他们的日常交流中以非正式的方式进行。非正式的评价可能发生在学生生活的任何时刻，如课外交流的时候。

一般来说，家长和学生之间的亲密关系是其他人无法比拟的。家长对自己的孩子有最全面的了解，同时也是学生从事家庭活动的最直接观察者。因此，家长参与学生评价，能够提供更全面而翔实的信息。

[①]王景英. 教育评价理论与实践 [M]. 长春：东北师范大学出版社，2001：46.

二、地理学业评价的内容

根据我国初中和高中地理课程标准的评价建议,新课程的地理学业评价可以从以下几个方面来进行。

(一)对地理知识理解与应用的评价

评价学生地理知识理解和应用状况的标准,主要是衡量其理解能力和在解决实际问题中运用已学知识的能力。理解能力的评价主要看学生对地理概念、原理、规律、理论的表述状况;知识运用能力的评价主要看学生能否激活所储存的已学知识,能否将相关知识迁移到具体情境之中。

(二)对地理技能形成与运用的评价

评价学生地理技能的形成与运用状况,主要是考查学生对各种地理技能的功能、方法和要领的了解程度,选择应用地理技能的合理程度,运用地理技能的熟练程度,以及应用地理技能所取得的学习和研究成果的正确程度和实际价值。

(三)对地理科学方法掌握的评价

对地理科学方法掌握的评价,应重点了解学生对地理观察、区域分析与综合、地理比较等常用地理研究方法的领悟、掌握状况和运用水平。其评价标准:一是评价学生是否了解地理方法运用的步骤、要领;二是评价学生能否灵活运用正确的地理方法分析和解决问题。

(四)对学生探究活动质量的评价

对学生探究活动质量的评价,建议从学生能否发现和提出地理问题,能否提出问题的假设,独立思考和解决地理问题,合理表达、交流探究成果等方面进行评价。

（五）对情感态度与价值观形成的评价

对情感态度与价值观形成的评价，应关注学生以下方面的变化与发展。

对地理学科的认识：评价学生是否具有地理学习动机与学习兴趣；能否体会地理学与现实生活的密切联系和地理学的应用价值；是否具有地理审美情趣与鉴赏力。

科学精神与态度：评价学生在观察、调查、实验和报告撰写中是否严谨；是否具有实事求是、坚持真理、勇于创新的科学精神。

对自然地理环境与社会的态度和责任感：评价学生是否初步形成了可持续发展的观念；是否初步形成了环境、资源的保护意识和法治意识；是否初步具有了对社会和自然环境的责任感；是否养成了关心和爱护人类环境的行为规范。

观察是评价学生情感、态度和价值观的重要方式。要注意观察学生在日常行为和学习活动中的表现，搜集评价信息，为进行有针对性的评价提供依据。

对学生情感、态度和价值观进行评价，主要采用调查分析法，即在评价理论指导下，通过观察、问卷、访谈、测试等调查手段，搜集评价对象的有关资料，经过比较分析，做出判断。

三、地理学业评价的方法

地理教师对学业进行评价的方法主要有课堂观察和提问、交流式谈话、纸笔测验、调查问卷和成长记录袋等。这些方法，有的偏重于定性评价，有的偏重于定量评价。所谓定性评价，是指评价主体通过开放的方式，收集评价对象各方面的信息，对评价对象做出描述、分析与评价结论。定量评价则是指通过结构化的方式，预先设定可以操作化的评价内容，收集评价对象可以量化的信息，并运用数学方法作出评价结论。最常见的实例是，学期结束时教师对学生的总结性评语，属于定性评价；而用考试分数来衡量学生是否达到《课程标准》的要求，则属于定量评价。

定性评价和定量评价是互补的。定性评价能够收集更加全面的信息，有利于对学生的表现做出全面的评价。但是由于缺乏客观的衡量标准，定性评价的主观性太强。定量评价则正好弥补了定性评价过于主观的缺点，它有客观的评价标准和评价程序，获取的信息客观而精确，评价的结论客观而可信。但是并非所有的内容都可以进行量化，不合理的量化操作过程也会导致不科学的评价结论。[①]

在实际的地理教学中，对能够量化的评价内容尽量进行量化，使评价结果尽量科学和客观。但是对于学生的高级思维能力以及情感、态度和价值观等难以量化的内容进行评价时，应采用定性的评价方法。在做出最终评价结果时，最好能够定性评价和定量评价相结合，使评价结果全面而客观。

以下分别对这些方法进行讨论。

（一）课堂观察

课堂观察是指地理教师在课堂上对学生的现场表现进行的观察。进行课堂观察要注意以下方面：①有目的地观察，即要明确为什么观察，希望通过观察解决什么问题。②有计划地观察。地理教师应该提前做好观察计划，如观察全部学生还是个别学生？观察的顺序是怎样的？这些都应该提前考虑。③有选择地观察。课堂上会发生各种各样的现象，教师要观察哪些要素？什么时候观察？这些都是需要考虑后做出选择的。有所选择之后，才能避免众多的信息干扰，做到有的放矢。

课堂观察是教师使用最方便、使用频率最高的评价手段。虽然很多时候，观察甚至都是无意识地进行的，但是这些观察依然可以为教师提供丰富的评价信息。当我们有目的开展评价活动时，则需要明确观察目标、观察对象和程序等，以便去除无关信息，提高观察效率。

（二）课堂提问

课堂提问是指教师通过有针对性的提问的方式，对学生的地理学习状况进行了解。教师的问题可以是课前设计好的，也可以是根据课堂生成而随时设计的。教师根据学生的回答，判断学生对相关地理知识、技能和方法等的掌握情

---

①王景英. 教育评价的理论与实践 [M]. 长春：东北师范大学出版社，2001：46–47.

况，也可以了解学生在学习过程中的困难和感悟等。

课堂提问是地理课堂上师生活动的一种方式。教师提问的对象可以是一个或几个学生，也可以是全班学生。

（三）交流式谈话

所谓交流式谈话，是指地理教师有目的地与个别学生进行深入语言交流的方式，对学生的地理学习情况进行了解和评价。有些学生可能有测验障碍，面对纸笔测验无法表现出真正的地理学业水平，这时通过交流式的谈话对学生进行评价，就更有可能获得反映学生地理学习情况的真实信息。此外，在对学生进行地理情感、态度和价值观方面的评价时，交流式谈话的方式比纸笔测验更加具有可操作性。

交流式谈话与课堂提问的主要区别如下：前者是地理教师有针对性地选择特定的学生，如有地理学习障碍的学生，与之进行一对一的互动谈话。教师根据学生的回答随时调整自己的问题，同时给出一定的引导信息，从而对学生的地理学习困难进行较为深入细致的了解和评价。这种谈话一般是在不受其他人影响的环境下进行的。后者一般是在地理课堂上，教师面对全体学生提出问题，有回答意愿的学生自主进行回答。或者教师提问后，点名让某学生回答，但是这种问答的环境也是有全体学生在场的。

交流式谈话比课堂提问更加自由和深入，可以等同于一对一的师生访谈。由于只有教师和受访学生参与，没有面对其他同学的压力，受访学生会感到更加轻松，教师有可能得到更加全面细致的评价信息。但是，采用这种方式需要教师付出更多的精力和时间成本。教师需要具备较好的访谈能力和亲和力，才能更好地运用这种方法来开展地理学业评价活动。

（四）纸笔测验

纸笔测验是最常见的传统地理学业评价方式，也是地理教师最熟悉的评价方式。它是指教师根据测试目的，命制一定数量的地理试题并组成试卷，学生用笔在试卷上书写作答，然后教师根据学生的答题情况，对其进行评分并做出评定结论的学业评价方式。目前学期中、学期末的地理考试，以及单元测验和随堂测验等，基本采用纸笔测验的方式。纸笔测验一般采用选择题、填空题、简答题、论述题或者填图绘图题等题型。

纸笔测验具有很多优点。一份地理试卷编制成功以后，可以对每一个学生进行测试。教师通过评阅试卷，即可对所有学生的地理学习状况进行了解，具有较高的效率。在测试实施之前，教师一般有足够的时间来完善试卷，而不像课堂提问和交流式谈话一样需要教师根据实际情况作出实时调整，这对教师来说可以更加从容。纸质试卷可以存档，作为学生的成长记录，在必要时可以翻阅查看。对于学生来说，所有人面对的都是同一份试卷，可以保证测验形式的公平性。

但是，作为一种学业评价方式，纸笔测验也有一些缺点。首先，并非学生所有的地理素质都可以通过纸笔测验的方式检测出来。在评价学生的地理知识和技能水平方面，纸笔测验是比较有效的。但是在有些方面，如学生的地理情感、态度和价值观，目前还很难通过纸笔测验进行全面深入的评价。其次，地理教师的命题和组卷水平，将直接决定纸笔测验的效度。并非所有地理教师都具备命制高水平地理试题以及合理编制试卷的能力，而低水平的试题和不合理的组卷，将无法达到检测学生真实地理素质水平的评价目标。

（五）问卷调查

地理学习问卷调查常常用于收集学生的学习兴趣、学习态度，以及价值观念等评价信息。地理教师通过提前设计一系列问题，制作成问卷，对学生的想法进行调查。通过问卷获得的信息，可以与纸笔测验等形式获得的评价信息相互印证，或者通过数学方法计算二者的相关关系，以便深入地了解学生的学业水平及其影响因素，从而改进地理教学，更好地促进学生的学习和发展。

调查问卷可以获得大量的背景信息，作为做出评价结论的参考。但是在设计问卷时需要注意，学生面对某些问题，有可能会做出地理教师所"期望"的回答。如面对"你是否喜欢上地理课"这样的问题，由于担心回答"不喜欢"会引起教师的反感，绝大多数学生都会回答"喜欢"。这样就无法获取最真实的信息。最简单的解决办法是实施问卷调查时采取"无记名"的方式，以减轻学生的压力。或者由学校统一实施调查，作为利益相关者的地理教师适当回避，这也是一种较好的解决途径。

（六）成长记录袋

是把个人的成果系统地收集起来，放在一个合适的容器如文件夹、档案袋（或者光盘、闪存、移动硬盘等电子存储设备）里。每过一段时间，根据所收集的内容对学生的进步或进步过程等进行评价。以这样的方式进行的评价就是成长记录袋评价。[①]

通过成长记录袋的方式，收集学生的地理作业、作品、试卷、学习反思等，可以了解学生地理学业水平的增长及其过程，获得非常翔实的一手资料。地理成长记录袋来自学生地理学习的真实环境，其内容还可以根据学习的进展不断进行更新和扩充，有利于教师对学生进行全面的评价和学生自己的反思与自评。

使用成长记录袋的方法开展地理学业评价，需要教师思考很多问题。应该收集哪些资料并放入记录袋？收集的不同类别的作品样本在实际评价活动中的权重怎样确定？记录袋使用的时间频率怎样才合适？选择何种容器存放作品样本？怎样与其他评价方式相结合作出评定结论？如此等等。

四、地理学业评价的程序

地理学业评价大体可以按照以下几个步骤来进行：了解评价背景、制定评价目标、收集评价信息、作出评价结论、反馈评价结论。这个过程表示如图7-2所示。

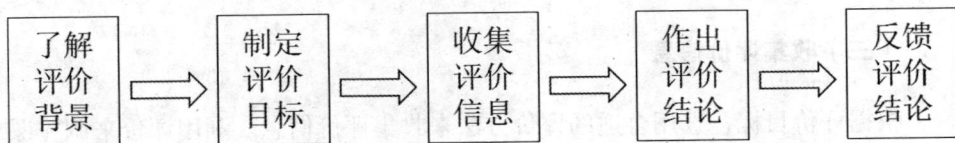

图7-2 地理学业评价的基本程序

---

①余林. 课堂教学评价 [M]. 北京：人民教育出版社，2007：12.

（一）了解评价背景

学业评价的背景包括学生在开始某一阶段地理学习之前已有的地理素质基础，以及在该阶段的地理学习经历等。

学生的地理素质基础，包括其地理知识、技能和能力发展状况，以及价值观倾向等。地理学习经历主要包括所学习的课程，所使用的地理教材、地图册和教辅材料，所参加的地理野外考察等活动，所参观过的博物馆、展览馆、工厂和企业等。

了解这些信息，有助于地理教师掌握学生已有的基础和所获得学习经验，为制定评价目标、确定评价方法、收集评价信息和做出评价结论等后续程序奠定基础。

（二）制定评价目标

这里的评价目标，是指学生通过地理学习应该达到的发展目标。制定目标时，应该根据《课程标准》的要求，考虑学生实际的地理学习经历，围绕知识与技能、过程与方法、情感态度与价值观三个角度制定全面的评价目标。

制定的目标应该具有较好的操作性，并细化为具体的评价指标，这些指标可以在做出评价结论时作为参照。如果评价指标要同时被多名评价者使用，那么应该保证不同的评价者对这些指标具有一致的理解。例如，某学校地理教研组制定了初中第一学年的地理评价指标，每个地理教师要根据这些指标对自己的学生开展评价，那么这些教师应该通过讨论等办法来达到理解上的一致性。

（三）收集评价信息

根据评价目标，选用合适的评价方法来收集评价信息。利用评价来调控课堂教学的过程，可以采用随堂观察和提问的方法；评价全体学生地理知识和技能水平，可以采用纸笔测验的方法；需要对个别学生进行深入了解和评价时，可以采用一对一的交流式对话和访谈；想了解影响学生地理学习质量的因素并为评价和教学改革提供信息，可以采用问卷调查的方法；若要评价学生地理素质发展和提高的过程，可以采用成长记录袋的方法。

单一的评价方法往往只能获取相对较为单一的信息。采用的方法越多，能够获取的评价信息越全面，但是也需要评价者付出更多的精力和时间能力。在具体开展地理学业评价时，地理教师应该根据情况，选用一种或几种评价方法的组合，在可能的前提下，尽量收集全面的评价信息。

（四）作出评价结论

作出评价结论的过程主要包括两个环节：第一，对所收集的评价信息进行统计和分析；第二，对统计分析的结果进行解释，作出评定结果判断。

严格地说，前期收集评价信息的过程，实际上是对学生的地理学业质量状况进行"测量"的过程，这个过程基本不涉及价值判断。在对测量的结果进行统计分析之后，教师根据实际情况对该结果进行解释，并对学生的地理素质水平作出评定（例如，评出优秀、良好、合格、不合格等等级），这个过程是进行价值判断的"评价"过程。当然，这是从狭义的角度来理解评价的。

教师所作出的评价结论，一方面要客观公正，真正反映学生的地理学业质量水平；另一方面，也要考虑学生的可接受程度，避免对学生学习地理的积极性和自信心造成伤害。单一的一个分数或者等级，很难起到促进学生发展的作用。教师应根据评价结果，指出学生的优点和不足，以及今后应该努力的方向。

（五）反馈评价结论

为了合理利用评价结论，使之能够改进教学，促进学生发展，地理学业评价的结论一定要反馈给教师、学生和家长等评价主体。通过反馈评价结论，使学生明确自己地理学习的优点与不足，使教师和家长明确自己可以如何帮助学生更有效地开展地理学习。

第三节　地理试题研发与试卷编制

当前，以纸笔测验为主要形式的地理考试依然是地理学业评价的最重要形式之一。地理学业评价（如地理高考、中考等）基本都是以纸笔考试的形式进行的。地理试题的质量，关系着地理考试能否真实检验学生的地理学习效果。

一、地理试题概述

（一）地理试题的功能

地理试题具有测量功能和教育功能。

地理试题的测量功能，即对学生的地理素养水平进行测量的功能，是地理试题的最根本的功能。地理素质是多方面的，如对地理知识的掌握，地理技能的形成，对地理事物形成和演变过程的理解，对地理科学研究方法和学习方法的掌握，以及地理情感、态度与价值观的形成。学生的地理素质是内隐的，而不是外显的，即我们不能直接通过眼睛看到学生的地理素质。教师通过观察等办法，也可以在一定程度上了解学生地理素质的发展水平，但这是感性的，而且很可能是不准确的。把精心命制的地理试题组成试卷，对学生的地理素质进行测试，让学生通过答题的过程，把自身的地理素质表现出来，是一个把学生的地理素质"外显化"的过程。

此外，地理试题也具有教育功能。一方面，学生在答题的过程中，需要对已有的地理知识进行提取、思考、理解、加工和运用，这是一个调动其地理思维、展现其地理技能和能力的过程，这种过程对学生的地理素质具有一定的强化作用。另一方面，试题所设置的地理情境若新颖有趣且与学生的生活实际联系紧密，会调动学生学习地理的积极性和兴趣，使他们感受到地理学习是有用的。有研究表明，传统考试中的"差生"，面对设计良好的开放性地理试题时，其地理学习兴趣能够得到激发。因为传统考试一般采用封闭题，学生答题结果非对即错，往往使"差生"有挫败感。而开放题使这部分学生在答题时有较大的发挥空间，不会觉得无从下手，从而有利于增强其学习自信心。

但是，需要说明的是，试题的测量功能是其基本功能，是试题存在的根本价值和意义所在。在考虑体现试题的教育功能时，不能影响和削弱试题的测量功能。

（二）地理试题的特点

有人认为，试题由立意、情境和设问三个要素构成。

立意反映了考查目的（包括知识与能力），是试题的核心或主题。对立意的具体要求有：①立意要正确实现考试目的，体现能力考查的主旨；②立意要准确，每题的考查目标应独立、完整；③立意要重点突出，考查目标要有层次和相关性。

情境是实现立意的材料和介质，其关系着立意表达的程度。在试题中对情境设置的要求是：①服从立意，根据立意的要求建材、选择有关的知识内容，尽量避免无用信息；②根据考生的生活经验和理解程度设计情境；③情境科学、可信；④情境新颖，有相当的信息量和一定深度。

设问，即是试题的问题设置。它是试题的呈现形式，规定了考生需要做出的反应形式，关系着立意的实现程度。对设问的具体要求：围绕立意，根据情境选编设问；设问针对重点内容并涵盖其他内容；设问形式新颖、巧妙、灵活；设问语言准确、简明、通俗。[①]

除了具有一般试题的特点之外，因为地理学科重视空间能力培养的学科特性，地理试题一般需要配很多地理图表，如地理要素分布图、地形地貌图、示意图，重视对学生读图、用图能力的考查。

二、地理试题的研发

地理试题有不同类型，不同题型的编制方式不同。根据评分方式，一般可以把地理试题分为客观性试题和主观性试题，如选择题、填空题、填图题、是非判断题一般属于客观性试题；而问答题、论述题属于主观性试题。有些看似填空题的题目，如果需要学生填写大段的文字表述，实际属于问答题或论述题。

限于篇幅，此处只讨论地理纸笔测验中常见的几种基本题型的研发。

（一）填空题

所谓填空题，是让考生把句子补充完整的题型。

①张亚南. 地理教育测量：理论及其在地理高考命题评价中的应用 [M]. 北京：科学出版社，2000：70-71.

命制填空题时，到底应该让考生补充哪些字词，是需要命题者根据测试目的反复考虑的。一般来说，让考生填写的内容正是要考查的知识点。

填空题常常用来考查学生对地理知识的记忆能力。所以，一般不提倡用教材上的原句去掉个别关键词来设计填空题，以免导致学生对地理课本的死记硬背。不过，设计良好的填空题，也可以考查较高层次的地理能力。

在命制填空题时，要能够让学生很容易看出自己应该填写的答案类型。例如，是应该填写时间、地点、增长率、还是方位？是要填写一个动词、形容词还是名词？否则的话，则会使学生手足无措，无法确定答题方向。

（二）选择题

选择题由一个"题干"和几个"选项"组成。题干呈现情境材料并设问，需要考生从几个选项中挑选出正确的一个，作为题干所提问题的答案（注："单项选择题"只有一个正确答案，"双项选择题"有两个正确答案，"不定项选择题"正确选项个数不确定。当前我国地理考试中，大多数地区只使用单项选择题，少数地区使用双项选择题）。多数情况下，选择题的题干是一个不完整的句子。在我国的正规测验中，选项的数目一般为 4 个。国外大型教育考试的题目，选项的数目根据实际需要可能设置为 3 ~ 5 个。

选择题具有内容覆盖率较好、施测和计分方便、评分客观，以及方便学生作答、节约考生时间等优点，因此备受好评，在标准化测验中被广泛采用。但是由于预先设置的选项具有限制性，不利于学生发散思维和创造性思维的发挥，对学生的表达能力等也无法进行考查，所以并非测量高级思维能力的最佳选择。选择题的另外一个缺点是，学生的作答过程实际是从选项中挑选正确答案的过程，这样就无法避免学生通过猜测来答题的可能。虽然选择题是我们最常见的题型，要想编制高水平的选择题，需要命题者具有丰富的命题经验和专业的命题技巧。格朗伦德、康诺利和奥尼尔全面地总结了选择题的命制规则，包括以下 17 个方面：[①]

---

①许建锁，等. 简明国际教育百科全书·教育测量与评价 [M]. 北京；教育科学出版社，1992：258-259.

（1）试题的主干语本身要富有意义并应当提出一个清晰的问题。

（2）主干语应该不受无关材料的影响。

（3）主干语应尽可能多地包括试题的内容，但能提供答案线索的除外。重复性的短语应当包含在主干语中，而不应在每一个选择项中重复陈述。

（4）所有的选择项在主干语语法上应该与试题的一致，并具有差不多的长度，这样就不会对答案提供线索。

（5）一个试题应当仅包含一个正确的或明确的最佳答案。

（6）用于测量理解力的试题，应有新意，而不能只是照抄的重复材料，也不应是教材中已有的题目。

（7）所有备择答案中的错误项应表面上似乎合理，并且要与所测的知识整体和学习经验有关。

（8）主干语和正确答案之间的文字联想或产生联系的短语都要避免。

（9）正确答案在答卷上的位置不应固定，而应以大致相等的频率和随机的顺序出现。

（10）一些特殊的备择答案如"都没有""上述全部"等不宜过多使用。

（11）在错误的答案中，应当避免出现范围很广的术语（如"从不""总是""所有"）。

（12）主干语的否定陈述不宜过多。

（13）避免使用意义相近或相互释义的备择答案。

（14）避免使用征询意见的试题。

（15）避免使用包含难以理解且与测验目的无关成分的试题，如偏僻的词汇或复杂的句子结构。

（16）避免使用连锁试题，即其答案对后面试题的回答有暗示作用的试题。

（17）当有更合适的其他试题格式时，就不要使用多项选择题。

以上规则大多是形式上的命题建议。要想命制具有创新性和深刻内涵的题目，则需要命题者在实践经验积累的过程中逐渐进行理解和把握方向。

（三）问答题

问答题是要求考生用文字表述回答的题型。与选择题相比，问答题的优点是需要学生自己产生一个正确答案，而不是仅仅从几个备选项中做出选择，有利于学生充分表达自己的地理思想，培养学生的思维能力。问答题需要通过考生的陈述来判断其知识掌握和理解能力水平，所以考生的语言表达能力会对其得分产生影响，而这有可能会影响测试的效度。目前的地理测试中，问答题一般都有一个情境材料。

在编制问答题时，提问应简洁明确，防止学生产生误解；情境设置不宜过于复杂，以减轻学生的阅读和理解负担。对于答案较为开放的问答题，在正式测试前，宜进行适当的预测试，以免由于命题者考虑不周而使学生的答案过于开放，来自学生的五花八门的答案可能导致无法合理评分。人工评分不可避免带有主观性成分，在一定程度上会影响信度。评分工作管理时，可以采用有效的机制尽量避免这种负面影响。

（四）组合题

所谓组合题，就是一个情境材料之下，包含多种题型的题目，由 3~5 个小题组合成为一道大题。组合题的几个小题，考查内容都应与情境材料密切相关，一般按照难度从小到大排列。

三、地理试卷编制

编制高质量的地理试卷需要遵循一定的工作程序，而且编制完成的试卷应该符合测量学相关要求。

（一）地理试卷编制的基本程序

编制试卷应该遵循一些基本的程序。虽然很多地理教师在编制试卷时更多的是"凭感觉"，最后也没有发现什么问题。但是可以肯定地说，遵循科学的程序来编制的试卷，在考查学生的学习状况方面会更加有效。

第一，明确测试的目的和对象。地理考试可能有不同的目的，如教学活动开始前教师可能希望检验一下学生已有的地理知识基础；某单元教学结束后，教师可能希望了解学生在这一单元的学习情况；一个学期的地理教学接近尾声时，教师可能希望考查学生整个学期的学习结果。普通考试，如教师编制的单元测验或者随堂练习，在保证基本科学性的前提下，可以相对随意一些；但是如果测试结果将作为对学生分等定级的依据，甚至决定学生升学机会的话，测试的设计就需要非常严谨。另外，试卷的编制者还应该对测试对象有一定的了解，这样在编制试卷时才能有的放矢。

第二，根据测试目的确定试卷在知识和能力上的覆盖范围。也就是说，要明确试卷希望考查学生对哪些地理知识点的掌握情况，以及在每一个知识点上学生应该达到的认知层次，还有哪些特殊的学科能力（如读图能力）是学生应该具备的。因为地理教学是基于《课程标准》的，所以此时应参考《课程标准》的相关要求。

第三，根据测试的需要，确定考试时间、使用的题型和试题数量。题型包括选择题、填空题、简答题和论述题，以及作图题等。题量的多少根据考试时间而定，在一定的时间内，学生只能完成一定数量的题目。当然，学生的答题时间跟试题本身的难易程度也有关系。

第四，根据以上信息，制作测试的双向细目表。双向细目表一般是一个二维表格，并至少包含三个方面的内容：知识维度，如《课程标准》中要求学生掌握的知识点；能力维度，如《课程标准》所要求的学生在每个知识点上应该达到的认知水平；内容维度，每一个知识和能力维度上各类型试题的数量和比例。

第五，选择和命制试题。试卷编制者可以从已有的题库中选择试题直接使用，或者修改后使用，也可以自己命制题目。基于对自己学生的了解，地理教师自己命题的题目，或者把他人的题目经过修改后再使用，有时更能测查学生的地理知识掌握情况和能力发展程度。

第六，查漏补缺，打磨试题。当试题数量积累到一定程度之后，试卷编制者应该对照双向细目表，检查试题是否能够覆盖各个知识点和能力维度。若在某些知识点上试题比较集中甚至超过所需数量，可以择优选用；在另一些知识点上，试题的数量可能不足，此时则应该努力补齐。准备的试题数量一般应该多于双向细目表的要求，因为经过仔细考虑之后，有些试题也许因为不合格而不能使用。所有的试题都应该经过仔细打磨之后，确定不存在科学性问题或者测试技术上的问题，才能在试卷中采用。试卷中的图片、地图和表格，应该进行完善。

第七，组成试卷，准备答案和评分说明。所有题目都准备好以后，就可以把题目组成试卷。此时应考虑不同题型的排列顺序，如选择题、填空题、填图题和问答题的顺序。具体试题的排列顺序也应该考虑，一个简单的办法是根据学生学习的顺序来排列，同时应遵循"先易后难"的原则。试卷的引导语、试卷文字的字体和字号、图表的编号等细节的问题若能加以考虑的话，则能进一步提高试卷的质量。组卷完成之后，应该准备试卷的标准答案和评分说明，以便在评分时使用。

第八，正式测试。编制完善的试卷可以在正式测试时使用。测试时，有时考生会提出有关试卷或者试题的疑问，试卷编制者应做好回答这些问题的准备。

（二）地理试卷编制的基本要求

试卷编制是一项专业性很强的工作，并不是仅仅根据个人经验就可以做好的。虽然地理教师处理班级考试数据时，一般并不需要用到高级的心理测量学（如测量模型），但是一份编制完成的地理试卷，还是应满足一些基本的测量学指标，其中最常用的是信度、效度，以及试题的难度和区分度指标。

1. 信度

所谓信度，是指测量结果的稳定性和可靠性程度。用同一测量工具反复测量某人的同一特质，多次测量结果间的一致性程度就叫信度。[①]好比用一把尺子去测量一本书的长度，如果两次或多次测量的结果是基本一致的，则说明测量结果是可靠的，即具有很高的信度。

测验结果会受到考生的动机和情绪、完成时限、主试和被试关系等因素的影响，评分者的主观因素和测试环境等外部因素也会对考试结果产生影响。这些影响，造成了任何教育测量都存在误差。测量的结果实际上包含了被测量对象特质的实际水平和误差两部分。所以从理论上来说，对同一考生两次或多次测试的结果不可能完全一样。

一个测验的信度一般以两次测验结果的相关系数来表示。两平行测验上实测分数的相关系数叫作信度系数。信度系数的取值介于 -1 与 1 之间，信度系数越大，测试越可靠。如果两次测验结果完全一样，即信度系数为 1，则表明测验完全可靠。但是，这种情况是很少出现的。测验的误差是必然存在的。误

---

①冯建新. 现代教育评价与测量学 [M]. 北京：中国社会科学出版社，2005：91.

差有大小之分，但是不可能不存在。对一次测验来说，误差越大，信度越低；误差越小，信度越高。信度系数为负数的情况也很少见。考试的实际信度系数一般在 0 ~ 1。

信度有重测信度、复本信度、内部一致性信度、评分者信度等多种类型。信度系数需要多高才合适，要根据测试的类型和目的来确定。一般学业成绩考试要求信度系数在 0.90 以上，个性测验和兴趣测验的信度系数可稍低，一般要达到 0.70 ~ 0.80。

因为信度系数的计算至少需要两次平行测验的分数作为数据来源，所以一般地理教师组织的班级地理测验并不具备这个条件。但是信度是测验可靠性的重要指标，所以在命题和编制试卷时还是要进行充分考虑，避免误差的影响，使测验结果尽量接近学生的实际地理素质水平。

试题的质量会影响考试的信度系数。主要表现为以下几个方面：

第一，试题的数量。题目如果数量过少，可能会使测验分数容易受试题取样偶然因素的影响，导致测验的信度系数偏低。第二，题目的难度。难度过大或者过小，导致学生普遍得低分或者普遍得高分，使测验分数频数分布曲线呈偏态分布，从而影响测验结果的信度。第三，题目的区分度。面对区分度较好的题目，水平高的学生得高分，水平低的学生得低分，这样才能保证测试的可靠性和稳定性。

试题难度和区分度的涵义在本节后面会提到。教师可以根据以上几点来考虑，提高自己组织的地理考试的信度。

2. 效度

具有良好的信度，并不是一个测验成为"好测验"的充分条件。比如用一把刻度不精确的尺子去测量一本书的长度，即使每次的读数都一样，结果也是不准确的，即所得的测量结果总是以稳定的规律偏离书本的真实长度。再如，如果我们用一把直尺去测量台灯的亮度，显然不能达到想要的测量目的。因此，一个高质量的地理测验，还需要满足另一个重要的测量学指标——效度。

效度是指一个经验性指标能测量它所要测量的对象的程度。换一种说法，按照美国心理测量协会 1985 年的定义，效度是指根据考试分数所做出的推测或决策有意义、适当、有用的程度。要使考试的分数成为考生能力的有意义的衡量标志，就必须要保证考试只测量了该能力，几乎不测量任何其他的东西。

这些说法都很抽象，简单地说，效度就是衡量一个考试"是否考到了想考的东西"的指标。

一般将效度分为内容效度、效标关联效度和构想效度三种，其中内容效度是最常用的效度指标，此处仅对其作简要介绍。所谓内容效度，是指测验内容对想要测量的内容领域的覆盖程度。如一次地理测验，应该包含足够的题目来测量学生对人文地理、自然地理、中国地理、世界地理等知识的掌握程度，若题目没有覆盖所有想要考查的知识模块，则表明这次地理测验的内容效度是不够的。内容效度不容易通过数学统计的方法进行估算，一般采用逻辑分析的办法进行评价。对一次测验来说，若要评价其内容效度，必须首先明确其测量目的所规定的内容领域，然后才能根据测验中的题目是否具有足够的代表性，来评判其内容效度。

3. 试题的难度

所谓难度，就是指题目的难易程度。一般用答对或通过该题目的学生人数比例来表示。

当题目分数是二分变量时（即答对得满分，答错不得分），题目难度的计算公式为

$$P \ll \frac{R}{N} \qquad ①$$

公式①中，P 为难度值，R 为答对该题的考生人数，N 为考生总人数。

当题目分数为多级分值（如根据作答情况，分别可得 0、1、2、3 分）时，难度是全体考生所得分数的平均值与该题总分的比值。题目难度的计算公式是：

$$P \ll \frac{\overline{X}}{X_{max}} \qquad ②$$

公式②中，P 为难度值，是全体考生在该题的平均分，是该题总分。

难度值一般用小数表示，取值在 0~1。难度值越大（即通过率越高），题目越容易；难度值越小（即通过率越低），题目越难。

测验的总体难度可以理解为所有学生在该测试中的平均得分与测试总分的

比值，能够通过题目难度计算出来。

4. 试题的区分度

题目的区分度，是指题目对学生学业能力的区分程度和鉴别能力。区分度高的题目，能有效鉴别水平不同的学生；区分度低的题目，不能有效鉴别水平不同的学生。试题的区分度是测验是否有效的指示器。

如果在应答某一道题目时，高水平的学生能得高分，低水平的学生只能得低分，就表明该题目能够有效区分学生的学业水平，即具有很好的区分度；否则，若高水平和低水平学生在应答这道题目时，他们的得分不能表现出差异，则表明这道题目的区分度较低，甚至没有区分度。

区分度是对测验的效度和信度要求在具体题目上的表现。

地理教师组织的一般测验中，可以用极端分组法粗略计算试题的区分度。具体做法是，根据总测验成绩，取考生的高分组（一般取分数最高的27%）和低分组（一般取分数最低的27%）。然后分别求出两组考生在同一题目上的得分率（难度），进而计算该题目的区分度：

$$D \ll P_H - P \qquad ③$$

公式③中，D 表示题目的区分度，表示高分组的得分率，表示低分组的得分率。例如在某题目上，高分组得分率为 0.69，低分组得分率为 0.32，则该题目区分度为 0.69–0.32=0.37。

在标准化和大规模测验中，需要组织预试并精确计算题目的区分度，从而选择合适的题目在测验中使用。这时需要采用相关法分析题目的区分度，可以用点二列相关、二列相关、Φ 相关等计算区分度，具体可参阅相关教育统计学教材。

参考文献

[1] 陈苍鹏. 初中地理模型与实验活动 [M]. 杭州：浙江大学出版社，2018.

[2] 陈建国，彭瑶瑶，张馨. 地理核心素养与教学实践 [M]. 长春：吉林人民出版社，2020.

[3] 陈文献，王传忠，宋波. 地理教学设计研究 [M]. 汕头：汕头大学出版社，2020.

[4] 宫作民，李家清等. 中国地学通鉴地理教育卷 [M]. 陕西师范大学出版总社，2018.

[5] 顾筱莉，朱雪梅. 地理教学论 [M]. 南京：河海大学出版社，2018.

[6] 户清丽. 中学地理教学案例研究 [M]. 西安：陕西师范大学出版总社有限公司，2020.

[7] 户清丽. 中学地理教学案例研究 [M]. 西安：陕西师范大学出版总社有限公司，2020.

[8] 黄雷. 学生发展核心素养视域下的课堂教学指南初中地理 [M]. 长春：东北师范大学出版社，2017.

[9] 吉小梅. 中学地理教、学、评、研 [M]. 北京：中国地图出版社，2021.

[10] 李素霞，陈慧蓉，龙海丽. 地理科学专业实践教学改革研究 [M]. 武汉：武汉大学出版社，2021.

[11] 廖顺学，姜春英，韩贤发. 微课在历史、政治、地理教学中的应用研究 [M]. 长春：吉林人民出版社，2020.

[12] 山香教师资格考试命题研究中心. 地理学科知识与教学能力初级中学 [M]. 北京：首都师范大学出版社，2020.

[13] 尚志海. 地理学科知识与教学能力 [M]. 哈尔滨：哈尔滨工业大学出版社，2021.

[14] 王民. 中学地理教科书评价研究 [M]. 北京：中国地图出版社，2019.

[15] 张建珍. 中学地理教育走向"田野"意义、方法与保障 [M]. 杭州：浙江大学出版社，2017.